마음을 안는 마음

혼자라 여겼던 날들 속에서도

돌아보면 늘 곁에는

사람들이 있었다.

온기를 품은 마음을 안고서.

마음을 안는 마음

정현지 산문집

삶의 변화를 마주한 길목에서

그려낸 마음의 기록

들어서며

칠 년간의 직장 생활을 멈추고 새로운 목적지를 향해 나아가는 길목에서의 시간. 그 길 위에서 써 내려간 마음의 기록을 담았다.

개발자라는 맞지 않는 옷을 입고 살아가는 일을 그만두기로 결심하며 수없이 되뇌었다. 본연의 모습을 잃지 않고 살아가기로. 내면에서 솟아나는 것으로 삶을 채우기로. 그렇게만 할 수 있다면, 앞으로의 삶이 어떻게 펼쳐지든 회사 밖에서 홀로 살아가는 삶을 선택한 것에 대한 후회나 미련을 품지 않을 것이라 믿었다.

길 위에 홀로 서서 마주한 시간을 되돌아보니 무수히 많은 점을 찍으며 살아왔다. 마음에 드는 만족스러운 점도 있었지만 기대보다 못난 모양으로, 모나고 부족한 점도 많았다. 그러나 그 과정에서 살아있다는 감각과 충만함을 느꼈기에 지우거나 고치고 싶지는 않다. 이유 없이 찍은 점은 단 하나도 없었으니 말이다.

무엇보다 내가 수놓은 점 덕분에 사람들과 연결될 수 있었다. 서점 한편에 놓인 원목 책상에 둘러앉아 각자의 글을 낭독하고, 다정한 시선으로 서로의 글을 바라봐 준 글 모임 사람들. 마음이 무너져 내릴 때마다 도망치듯 향한 요가원에서 말 대신 함께 수련한 선생님. 가까운 만큼 날 선 말이 오가기도 하지만, 그 누구보다 존재만으로 위안이 되는 가족들. 혼자 참가한 독립 출판 행사에서 묵묵히 곁을 지켜준 동료들과 부족함에도 책 안에 머물러 준 사람들. 이들이 놓고 간 넉넉한 마음과 표정들.

혼자 시간을 보내는 일이 일상이 되면서 내면 깊숙이 침잠해 오랜 시간 빠져나오지 못한 날들이 많았다. 하지만 외로운 나날 속에서도 나는 결코 혼자가 아니었다. 늘 곁에는 사람들과 그들이 내어준 다정한 마음이 있었다.

그러니 내가 찍은 점의 모양이 조금 못나더라도, 만족스럽지 않은 모습이더라도, 내게 주어진 삶을 부여잡고 계속 나아가려 한다. 그 점이 사람들과 연결해 주는 선이 되어 그들 안에 머물 수 있게 해 줄 테니.

이들이 내어준 마음을 끌어안고 결코 쉽게 흐르지 않는 생의 시간을 마주하고 싶다.

2025년 4월 봄의 초입에서
정현지

목차

들어서며   17

1부. 홀로 서 있는 시간

선택의 기로	27
깨어나는 아침	29
사색의 여정	30
무력한 날들	31
구원과 낙원	32
생명줄	36
문장에 기대어	37
어떤 무엇도 아닌	38
내려놓음	39
잠식	41
뒤집힌 세계	43

2부. 사람과 사랑 안에서

빛의 언어	51
마음의 모양	54
단 한 사람	56
시절인연	58
우리의 공백	60
침묵의 이면	64
사랑이 머문 자리	67
그리며 그리는	69
고유의 색	71
마음이 접히는 곳	73
감각의 흔적	75
손목 위의 시간	76
평범함에 대하여	80
흐려진 경계	84
겨울 산책	89
각자의 파동	91
일상의 궤적	93

순간을 살아내는 일	97
작은 원	102
늦은 후회	104
음소거	106

3부. 글을 쓰고 마음을 쓰며

무언의 위로	111
그리울 날들	112
밤바다	114
작은 극장	115
고요한 반복	122
목공을 하며	125
요가 수련	129
알 수 없는 것	134
연필과 흰 종이	136
쓴다는 것	137
준비운동	139
마음을 쓰는 일	141

다시 만난 마음   143

울림의 흔적   147

출판전야   149

글 나누는 밤   152

그냥 안아주는 것   155

나서며   158

1부

홀로 서 있는 시간

선택의 기로

선택지가 생기면 그건 곧 후회할 일이 생길 수도 있다는 의미이기도 하다. 그래서일까. 선택의 길목 앞에 놓일 때마다 덤덤한 척을 하곤 하지만 사실 매번 두렵다. 나를 지킨다고 내 주변 사람들을 자꾸만 아프게 하는 것 같아서.

나를 위한 선택을 하면 누군가는 아프고, 누군가를 위한 선택을 하면 내가 너무 아프다. 그러면 나는 대체 어떤 선택을 해야 하는 건지. 도저히 갈피를 잡을 수가 없다. 도망칠 낙원 같은 곳은 없었고, 언제나 선택을 해야만 하는 순간이 찾아왔으며, 그때마다 엉엉 울면서 어떻게든 발을 떼고 나아가야만 했다.

저 멀리 앞을 내다보면 아득하기만 해서 당장 내디딜 수 있는 눈앞의 한 걸음. 그 한 걸음에만 온 마음을 두기로 했다. 희미하기만 한 도착 지점이 아닌, 발밑만 바라보며 묵묵히 걸어보기로.

사연은 각자 다르지만 우리는 오롯이 홀로 품고 나아가야 할 고민거리를 안고 살아간다. 무거운 고민을 책상 위에 올려둔 채 정처 없이 새벽을 부유한 날들. 부질없는 일은 없었고 모든 건 지나갔다. 남아 있는 건 지금의 나 자신뿐.

십 년 뒤 우리는 어디서 무엇을 하며 지내고 있을까. 자신의 미래를 모르는 건 행운이라 생각하지만 가끔은 무턱대고 궁금해지기도 한다. 어떤 내가 되어 있을지는 모르겠지만, 차오르는 미련과 후회로 자꾸만 뒤돌아보는 삶은 아니기를.

실패와 좌절을 마주하더라도 내가 선택한 삶을 살기를.

깨어나는 아침

한 사람이 있다. 그 사람은 자기 자신을 너무 모른다. 알기를 포기한 것 같다. 자신을 알아갈 시간과 기회를 쉽게 내어주지 않는 사회 속에서 속절없이 이리저리 휩쓸리며 산다. 비로소 자신에게 필요한 것은 물질적 보상이 아니었음을 깨닫는다. 외부와 연결된 문을 잠시 차단한 채, 내면에 침잠하여 깊이 잠들어 있던 마음들을 하나씩 깨우기 시작한다. 웃는 방법을 모르는 사람인 듯, 웃음기 없는 표정으로 일상을 살아가던 그의 얼굴에 옅은 미소가 피어오르기 시작한다. 그리고 말했다.

더 이상 아침이 오는 게 두렵지 않다고.

사색의 여정

공허함이 밀려온다. 그럴 때마다 사색할 수 있는 곳을 찾아 헤맸다. 방황 끝에 다다른 동네 도서관. 검지로 책등을 훑으며 제목을 눈에 담는다. 손끝을 멈추게 하는 제목을 만나면 조심스레 그 책을 꺼내 펼친다.

듣고 싶은 말을 찾기 위한 나만의 작은 모험이 시작된다. 빛이 나는 보물 같은 문장을 발견하면 가방에서 손바닥만 한 노트와 연필을 꺼내 마음에 자국을 남기듯 한 자 한 자 꾹꾹 눌러 적는다.

서서히 마음속 안개가 걷히기 시작한다.

무력한 날들

　육신의 고통은 나를 침몰시키지 않는다. 원하는 일을 하는 과정에서 따라오는 육체적 피로와 고단함은 얼마든지 버틸 수 있다.

　문제는 원하지 않는 일을 부여잡고 해내야만 할 때의 정신적 고통이다. 회사 안에서 선택권 없이 주어진 일만 처리하며 살아야 한다는 무력감이 나를 밑바닥까지 끌어내렸다.

　그렇게 칠 년을 입을 꾹 닫은 채 살았다. 이곳에서 살아남으려면 개인적인 감정은 방해물이라고 치부하면서. 어느새 나는 웃지도 울지도 못하는 망가져 버린 마음을 부여잡고 사는 사람이 되어 있었다.

구원과 낙원

 생각이 많은 날에는 몸이 그 무게를 감당하지 못하는 걸까. 아무 곳에나 주저앉고 만다. 집에서 헬스장까지의 거리는 걸어서 십 분 남짓. 그 짧은 거리에도 세 번이나 멈춰 서 앉을 곳을 찾았다. 엘리베이터를 기다리는 복도 앞에서, 아무도 없는 텅 빈 엘리베이터 안에서, 헬스장 앞 공원 벤치에 나는 무너지듯 주저앉았다.

 그런 날이면 알아차리곤 한다. 내 몸 하나 가누기도 버거운 날이라는 것을. 무엇을 해야 이 무거운 짓눌림에서 벗어날 수 있는 걸까. 침대에 눌어붙은 몸부터 간신히 일으켜 세웠다.

 지금 나를 짓누르고 있는 것의 근원을 마주해야

겠다는 생각에 노트북을 챙겨 집 앞 카페로 향했다. 주문한 아이스 아메리카노를 받아 들고, 매일 가서 이제는 고정석이 되어버린 이층 구석의 바 테이블에 자리를 잡았다. 방향을 잃고 부유하는 생각들에 어떤 것부터 잡아서 꺼내야 할지 막막해, 흰빛을 내뿜는 모니터 앞에 앉아 화면 위 깜빡이는 커서만 응시했다.

엉키지 않게 하나씩 차분히 꺼내어 내려면 우선 열 손가락부터 부지런히 움직여야 한다. 품고 지낸 묵직한 상념들을 키보드의 타닥거리는 소리에 실어 흘려보내기 시작한다. 내면 가장 깊숙이 자리 잡은 생각의 이면이 모습을 드러낼 때까지. 그 근원을 마주할 때까지.

숫자 2를 가리키던 시침이 어느새 3을 지나 4로 향하고 있다. 그렇게 몇 시간을 쏟아낸 걸까. 보이지 않아 아득하게만 느껴지던 짓눌림의 실체가 서서히 모습을 드러낸다. 실눈을 뜨고 봐야 겨우 희미하게 보이던 형상이, 눈을 똑바로 뜬 채 바라보아도 또렷하게 보이기 시작한다.

 흰 종이 위 발자국처럼 남은 문장들이 나 자신과 마주하게 해 주었다. 나 자신을 찾기 위한 지난한 여정의 흔적인 것처럼. 그동안 간절히 듣고 싶던 말로 찾아오는 날도 있었고, 무너져 가는 나를 일으켜 다시 나아가게 해 주는 말도 있었다. 기분은 안녕한지 다정하게 물어봐 주었다. 이렇게라도 쏟아내는 시간이 없었다면, 나는 흐르지 못한 채 한곳에 고여버리고 말았을 것이다.

 『달러구트 꿈 백화점』이라는 책에 이런 문장이 나온다.

 바다를 누비는 범고래는 땅에서 자유로울 수 없고, 하늘을 나는 독수리는 바다에서 자유롭지 못합니다. 정도와 형태의 차이만 있을 뿐. 모든 생명은 제한된 자유를 누리죠. 여러분을 가둬두는 것이 공간이든, 시간이든, 신체적 결함이든, 부디 그것에 집중하지 마세요.

다만 사는 동안 여러분을 자유롭게 할 수 있는 무언가를 찾는 데만 집중하세요.

정도와 형태의 차이만 있을 뿐, 모든 생명은 제한된 자유를 누린다는 것. 그런 관점에서 인생을 바라본다면 우리가 머무는 곳과는 무관하게 스스로 숨 쉴 곳을 만들어 낼 수 있지 않을까.

낙원은 따로 있는 것이 아니라 우리가 직접 만들어내는 것일지도 모른다. 그 어디에도 구원의 장소는 없었고, 매번 나를 구한 것은 나 자신이었던 것처럼. 내가 쏟아낸 글이었던 것처럼.

생명줄

물 밖에서 뻐끔뻐끔. 겨우 숨만 내쉬며 연명하듯 삶을 이어가던 날들. 그러다 우연히 깊이 숨을 들이쉬고 내쉴 수 있는 장소를 발견했다.

글을 쓰는 시간. 글은 말로는 차마 털어놓지 못하는, 실타래처럼 엉킨 생각과 감정을 차분히 풀어낼 수 있게 기다려 주었다. 투박하게 단어를 늘어놓다 보면 문장이 되었고, 문장은 마음의 글이 되어 말없이 곁에 남아 주었다. 그게 참 좋았다.

문장에 기대어

안아주는 글을 쓰는 것이 꿈이라는 어느 작가님의 글을 우연히 보게 되었다. 포옹은 사랑과 닮아서, 안기는 것만큼 안아주는 일에도 큰 기쁨이 깃들어 있다고. 온몸으로 누군가를 감싸주고 있다는 것은 안긴 이만큼이나 안는 사람에게도 큰 행복이라고.

아무 이유 없이 누구라도 나를 좀 안아줬으면 하는 날이 있다. 그럴 때마다 사람 대신 책에 담긴 문장에 안기려 했다. 책 귀퉁이가 접혀 있고 연필로 밑줄 그은 흔적이 잔뜩 새겨진 책을 꺼내, 그들이 건네는 다정한 위로를 마음에 새겼다. 그렇게 외롭고 안길 곳이 필요할 때마다 문장에 기대어 살았다.

어떤 무엇도 아닌

"나도 나를 잘 모르는데 사람들은 왜 이렇게 나를 단정 지어 이야기하는지 모르겠어."

영화 〈대도시의 사랑법〉

어쩌면 누구도 자신에 대해 단정 지어 말할 수 없을지도 모른다. 우리는 끊임없이 변하는 존재이며, 타인과 영향을 주고받으며 살아갈 수밖에 없기에. 단 한 명도 예외는 없을 것이다. 그럼에도 불구하고 대체 왜 사람들은 함부로 타인을 판단하려고 달려드는 것일까. 무심코 던진 말이 시퍼렇게 날 선 칼이 되어 누군가의 마음을 무참히 찌를 수 있다는 사실을 모르는 걸까. 아니면, 알면서도 모르는 척 외면하는 걸까.

내려놓음

유월의 무더운 어느 날, 망원역에서 근처 책방으로 향하는 길. 한 명도 빠짐없이 저마다 무언가를 손에 꼭 움켜쥐고 있는 모습에 자연스레 시선이 머문다.

노란색 띠지를 두른 저가형 프랜차이즈 커피를 들고 있는 여학생, 빈 박카스 병을 들고 쓰레기통으로 향하는 아저씨, 손수레를 끄는 폐지 줍는 노인, 한 손에는 유모차, 다른 한 손에는 강아지 목줄을 들고 부지런히 걸어가는 여성분, 무엇이 들었는지 알 수 없는 검은 봉지를 양손 가득 들고 급하게 뛰어가는 교복 입은 청년까지.

나 또한 예외는 없었다. 왼손에는 뜨거운 햇빛

을 막기 위한 양산을, 오른손에는 휴대폰을 들고 있었다.

언제쯤 아무것도 붙들지 않고 두 손 편히 걸을 수 있을까. 다 놓아 버리고 자유로울 수 있을까. 하루쯤은 걸어보고 싶다. 손에 들어가는 힘을 모두 내려놓은 채로.

잠식

　글을 읽다 마주한 문장이 내면에 잠식된 감정 하나를 툭 건드린다. 순식간에 슬픔에 뒤덮이고 만다. 어떤 감정에 머물러 있었든 범람하는 슬픔의 강물에 속수무책 빠져버린다. 그제야 알아차린다. 보이지 않는 내면 깊숙한 곳이 지금 무엇으로 넘쳐흐르고 있는지를.

*

　마음의 무게를 잴 수 있다면 그 무게는 얼마나 될까. 내 몸 하나 겨우 뉠 수 있는 침대 위에서 몸을 일으킬 수도 없고, 칠 평 남짓한 작은 방 안에서 한 걸음도 내디딜 수 없을 때면 저울 위에 마음을 올려두고 그 숫자를 눈으로 확인하고 싶어진다.

눈에 보인다고 달라지는 것은 없겠지만 대체 어느 정도의 무게여야 이 짓눌림에서 벗어날 수 없는 건지 확인하고 싶어서.

보고 나면 내가 움직일 수 없는 이유를 나 자신에게 증명할 수 있을 것만 같아서. 나태함에 대한 구차하지만, 고마운 변명이 되어줄 것만 같아서.

뒤집힌 세계

 물구나무서서 해가 지는 장면 본 적 있으신가요. 살면서 처음으로 몸이 뒤집힌 채 노을 지는 해변을 바라본 적이 있습니다. 철썩이는 푸른 파도 소리, 목덜미 뒤로 살랑이는 바람, 서서히 해변을 붉게 물들이는 노을까지.

 줄에 거꾸로 매달려 넋을 놓고 눈앞의 광경에 잠겨 있는데, 지나가던 이들이 그 모습이 신기했는지 부지런히 사진을 찍어 가더라고요. 이런 경험을 언제 또 해볼 수 있을까 싶었습니다.

 무더위가 기승을 부리던 2019년 8월. 여름휴가로 발리에 있는 작은 섬 '길리 트라왕안'으로 떠났습니다. 발리에서도 배를 타고 두 시간을 더 가야 하는 긴 여정이었어요. 그럼에도 이곳을 선택한 까닭은 누구의 방해도 없이 온전한 휴식을 누릴 수 있는 곳 같았기 때문입니다.

섬 안의 이동 수단은 말과 자전거뿐이었습니다. 덕분에 시끄럽고 매연을 내뿜는 교통수단과 잠시나마 멀어질 수 있었어요. 바다거북과 함께 스노클링을 만끽할 수 있는 에메랄드빛 바다까지. 평소의 저였다면 여러 가지를 고려하고 비교해 가면서 신중하게 여행지를 선택했을 테지만, 이렇게 고민 없이 무작정 떠난 걸 보면 머리를 비울 시간이 그 어느 때보다 간절했던 것 같습니다.

5박 6일을 한 숙소에서 지내며 직원 Eta와 친해져 매일 일정을 공유하였어요. 하루는 오전 일정을 마치고 숙소로 돌아가는 길에 요가원을 발견해, 오후엔 요가 수련을 하러 갈 예정이라고 말했죠. 그랬더니 추천해 줄 곳이 있다며 'Sunset Beach Yoga'라는 요가원을 알려주었습니다. 해변 앞에서 노을 지는 풍경을 바라보며 요가를 할 수 있는 곳인데, 얼마 전에 다녀와 보니 너무 좋았다는 겁니다.

마다할 이유가 없었기에 바로 그날 오후 수업을 예약했습니다. 요가원에 도착해 이름을 확인하고 들어가려 하는데 직원이 어떻게 알고 왔냐고 물었습니다. 숙소 직원 소개로 왔다고 하니 "아, 너희구나. Eta가 오늘 우리 숙소 손님들 갈 거니까 잘 부탁한다고 전화가 왔어."라고 말하며 반갑게 맞아주었어요.

오 년 전 일임에도, 그녀의 다정한 마음이 아직도 선명하게 남아있습니다. 아무도 모르는 타지에서 저를 살뜰하게 챙겨준 유일한 사람이었으니까요.

수업은 윤슬이 반짝이는 근사한 해변이 보이는 오두막에서 진행되었습니다. 치아를 보이며 활짝 웃는 얼굴로 맞아 준 필리핀계 남자 선생님, 두 명의 중국인 청년, 캐나다에서 혼자 온 여성분과 사이좋은 백인 커플까지. 처음 만난 사이였지만 수련하는 한 시간 반 동안 왠지 모를 유대감 같은 게 느껴졌습니다. 말 한마디 나누지 않았는데 말이죠. 혼자였다면 순간 스쳐 지나가고 말았을 찰나의 감정이, 그들과 함께였기에 선명한 흔적으로 새겨졌습니다.

마지막 자세는 천장에서 내려온 줄에 다리만 걸고, 머리가 바닥을 향하도록 거꾸로 매달려 노을 지는 해변을 바라보는 것이었습니다. 피가 머리로 쏠려 당장이라도 올라가고 싶다가도, 눈 앞에 펼쳐지는 경이로움에 어떻게든 자세를 유지해 보려고 애썼습니다. 두 다리로 땅을 딛고 서서 바라보는 석양과는 다르게 감각되는 아름다움이었어요.

석양은 그대로이고 바라보는 자세만 바뀌었을 뿐인데 완전히 다른 광경을 보는 듯했어요. 마치 태어나서 처음으로 석양을 본 사람인 듯, 생경한 기분이 들었습니다. 평온과 희열. 그 사이 어딘가에 서 있는 것 같았어요.

우연히 떠난 여행지에서, 우연히 요가 수업 한

번 들었을 뿐인데 그 이후로 마음가짐과 태도에 중대한 변화가 생겼습니다. 생각에 매몰돼 걱정과 고민을 끌어안고 시간을 흘려보내기보다는 일단 움직여 보자는 마음, 앞으로 어떤 선택을 해 나가야 할지는 우선 움직이면서 생각해 보자는 마음이요.

마지막 자세가 힘들다는 사실을 미리 알았더라면 고민만 수없이 반복하다가 결국 수업을 듣지 않았을 겁니다. 그리고 저는 이 아름다움을 평생 마주할 수 없었겠죠.

돌이켜보면 대부분의 일은 높은 허들 탓에 넘지 못한 것이 아니었습니다. 낯선 두려움의 벽을 뚫고 나아가야 할 순간에 용기를 내지 못한 채 그저 제자리에 머물렀던 탓이죠.

나아갈 길이 선명히 보여 움직이는 것이 아니라, 먼저 한 걸음 내디뎌야 비로소 발밑에 희미하게나마 길이 열린다는 사실을 조금씩 배워가고 있습니다.

해보지 않으면 내가 해낼 수 있는 일인지 알 수 없기에, 선택의 길목에서 주저하기보다는 한 걸음 내딛는 순간 펼쳐지는 길을 따라 걸어가려 합니다.

2부

사람과 사랑 안에서

빛의 언어

 나는 어떤 사람에게 마음을 전부 내어주게 되는 것일까. 하나 떠오르는 게 있다면 상대의 눈빛이다. 눈에 비치는 빛. 보이지 않는 마음을 들여다볼 수 있는 투명한 통로. 말하지 않아도 눈을 보면 느껴지는 것들이 있다. 그 사람이 고스란히 담겨 있는 지나온 세월의 흔적 같은.

 상대의 과거를 전부 알 수는 없다. 하지만 눈을 마주하고 있으면 조금은 알 것 같은 기분이 들곤 했다. 어떠한 마음으로, 무엇을 품으며, 지난 시절을 지나왔는지. 겉모습은 꾸며낼 수 있지만 눈빛은 어찌할 방도가 없었다.

 매번 상대의 눈빛에 가장 먼저 마음을 내어주었

다. 시선을 타고 흐르고, 흘러 들어오는 서로의 마음. 주고받은 눈길이 소복이 쌓이는 사이, 속수무책으로 마음을 모두 흘려보냈다. 의지가 개입할 겨를도 없이. 사랑이 시작되었는지도 모른 채.

눈길 하나 스쳤을 뿐인데 온 바다가 일렁이듯 속절없이 이리저리 흔들리는 마음을 보며 알아차릴 수 있었다. 내 마음이 이전과는 달라졌구나. 저 사람에게 남김없이 모든 걸 건네 줄 일만 남았구나.

나를 바라보는 상대의 눈에 비치는 내 모습을 바라보는 일이 좋았다. 그리운 마음이 차오르는 날에는 더욱 깊이 응시하게 되었고, 눈을 감아야만 볼 수 있는 날에는 가만히 눈을 감았다. 그렇게 하루 중 눈을 감는 시간이 서서히 늘어만 갔다.

이 세상에서 가장 빛이 나는 것은 우리가 가진 눈빛이 아닐까. 사람이 사람에게 건넬 수 있는 가장 밝고 따스한 것. 사랑하는 이에게 안겨줄 수 있는 가장 붉게 물든 마음. 언어의 그릇에는 담기지 않는 감정을 빛으로나마 담을 수 있어 얼마나 다행인지.

　보이는 것보다 보이지 않는 내면을 가꾸고 다듬으며 묵묵히 걸어가려 한다. 그 길 위에서 나를 알아봐 줄 누군가를 조용히 기다리며.

마음의 모양

　마음과 마음이 자연스레 포개어지는 사람을 만나면 시간의 개념이 사라진다. 마음의 무게는 한없이 가볍고 편안함만이 남는다. 애정과 믿음이 깊이 뿌리내린 관계. 시간이 얼마나 지났는지 시계를 들여다볼 필요가 없으니, 매일 차고 다니는 손목시계는 그저 액세서리 역할만 할 뿐이다.

　가벼운 대화가 오가는 세 명 이상의 만남보다는 세심하게 서로의 마음을 들여다보며 깊은 이야기를 나눌 수 있는 한 사람과의 만남을 선호한다. 마주 보고 앉아 대화를 나눌 때만큼은 핸드폰에 눈길조차 주지 않고 상대에게 온 마음을 다한다.

평소였다면 모든 에너지를 소진한 채 집으로 돌아왔을 테지만, 마음의 모양이 비슷한 사람과의 만남은 달랐다. 함께한 시간은 소진이 아니라 채움이었다. 마음 한편에 따뜻한 온기를 남겼다.

단 한 사람

 혼자 앉아 있는 내 곁에 말없이 다가와 아무 말 없이 나란히 앉는 사람. 내 속에 무엇이 들었는지 쉽게 감정을 내비치지 않아도 알아봐 주는 사람. 기꺼이 귀 한쪽을 내어주어 속내를 보여주게 만드는 사람. 내가 나 자신이 될 수 있도록, 정직한 사람이 될 수 있도록 응원해 주는 사람.

 서로에게 그런 존재가 되어 준다면 그들을 인연이라 부를 수 있지 않을까. 생각의 결이 비슷해 이야기가 어느 한쪽으로 기울지 않고, 무엇 하나 걸리는 것 없이 모든 것이 자연스레 흘러가는 관계.

 온전한 나로 존재할 수 없게 하는 수십 명의 사람들 사이에서 부유하듯 떠도는 것보다, 나의 민낯을 기꺼이 드러내 보일 수 있게 해 주는 단 한 사람만 곁에 있어 준다면, 인연은 그 한 명으로 충분하지 않을까. 수많은 관계로도 메워지지 않던 마음의 균열을 한 사람이 조용히 스며들어 채워 준 경험을 한 이후로, 나는 점점 더 확신하게 되었다.

인연이란 마음 편히 머물며 쉴 수 있는 단 한 사람으로도 충분하다는 것을.

시절인연

친구의 사전적 의미는 가깝게 오래 사귄 사람이다. 가까운 사람이라는 말에는 동의하지만 오래 사귄 사람이라는 뜻에는 조금 생각이 다르다. 시간이 두 사람 사이의 농도를 결정할 수 있을까.

단순히 오래 알고 지낸 사이라고 해서 관계가 깊어지지는 않듯, 모든 관계는 서로에 대한 마음의 농도에 따라 연하게 또는 진하게 물들기 마련이다. 서로를 알고 지낸 기간과는 무관하게 단번에 진해져 버리고 마는 관계는 분명 존재하니까.

애쓰지 않아도 만나게 될 인연은 만나게 된다는 시절 인연이라는 말처럼, 세월의 흐름에 따라 인연이 되어 준 사람들이 나타났다.

모든 만남에는 때가 있었다.

움켜쥐고 있는 것을 다 놓아 버리고 싶은 날, 그럼에도 숨 쉬는 건 황홀한 일이라는 것을 깨닫게 해주는 이들이 곁에 있다면, 작고 볼품없어 보이는 삶도 그 자체로 빛나는 순간의 조각들로 보이지 않을까.

스스로 빛을 내기 힘든 시절에 곁에서 대신 빛을 내어주는 사람들이 있어 얼마나 다행이었는지. 곁에는 늘 이들이 있었고, 덕분에 삶을 살아내었으니 나는 인연이라는 말에 기대어 살 수밖에 없다.

나 또한, 누군가 빛을 필요로 하는 순간에 그 빛을 조용히 내어줄 수 있는 사람이 되고 싶다.

우리의 공백

　우는 법을 잊어버린 나를 대신해 매번 울어주는 친구가 있다. 겁에 질려 아무 말도 꺼내지 못하고 울고만 있는 내 앞에서, 영문도 모르면서 같이 울던 친구의 모습이 아직도 선명한 기억으로 남아있다. 그렇게 한참을 서로 마주 보고 울기만 하다가 나는 용기를 내 이야기를 꺼냈고, 친구는 말했다.

　너 뭐 이런 거 가지고 그렇게 우냐. 나는 너 무슨 죽을병에라도 걸린 줄 알고 너무 무서웠어.

　그제야 안심한 듯 눈물을 훔치는 친구였다. 그날 이후로도 우리는 매년 연례행사처럼 부산 여행을 다녀왔고, 바쁘더라도 몇 달에 한 번씩은 꼭 만났다.

그러다 어느 순간부터 연락이 뜸해지더니 몇 년간 서로 안부조차 묻지 않은 채 시간은 흘렀고, 최근에 계속 친구 생각이 나 용기를 내 먼저 연락했다. 다행히 친구도 내 연락을 기다렸다는 듯 반갑게 안부를 묻길래 바로 다음 주로 저녁 약속을 잡았다.

우리의 약속 장소는 청국장을 파는 작고 허름한 동네 식당. 평소 한식을 좋아하는 우리였기에 참 우리다운 약속 장소라고 생각하며, 다소 긴장되는 마음을 안고 식당으로 발걸음을 옮겼다. 저 멀리서 환하게 웃으며 걸어오는 친구. 우리는 어색함을 잠깐의 포옹으로 달래며 식당으로 들어갔다.

아저씨들로 가득한 가게의 구석 자리에 자리를 잡고, 청국장 두 개를 주문했다. 그동안 어떻게 지냈냐며 친구가 먼저 근황을 물었다. 몸과 마음 모두 심하게 소진돼 심리 상담을 받으며 간신히 일상을 부여잡고 있었지만, 오랜만에 보는 친구 앞에서 힘든 걸 내색하고 싶진 않았다. 하지만 친구를 속일 수는 없던 걸까.

덤덤하게 근황을 말하고 있는 나를 묵묵히 바라보던 친구의 눈가 주변이 붉어지더니 이내 눈물을 툭 떨군다. 당황한 나는 한참을 앞에서 안절부절못하며 친구를 달랬다.

너 왜 울어. 나 이제 진짜 괜찮아. 울지마.

그때 불현듯 깨달았다. 몇 년 전, 용기를 내 마음을 꺼내 보였을 때 친구는 지금처럼 내 앞에서 나 대신 울어주었다는 것을. 나를 나보다 더 아끼고 지지해 준 사람이었다는 것을. 그런 친구에게 왜 연락 한 번 먼저 하지 않았을까.

그동안 연락 한 번 하지 못한 것에 대한 미안한 마음을 전했고, 우리는 서로 연락하지 못한 이유에 대한 각자의 사연을 털어놓았다. 작은 오해가 있었고, 그 오해를 푸는 데는 몇 분 남짓.

이렇게 금방 회복될 관계인데 대체 뭐가 두려워 외면한 채 시간만 흘려보냈는지. 둘 사이의 공백을 다시 메우는 데는 단 몇 분이면 충분한 사이였는데 말이다. 우리의 연례행사였던 부산 여행을 다시 올해부터 시작하자고 약속하며 헤어진 그날.

지금 제대로 살고 있는 게 맞는지 끊임없이 스스로 의심하며 벽으로 매섭게 몰아세우는 날이 있다. 그럴 때면 생각한다.

나 자신을 너무 매섭게 몰아세우지는 말자고. 울지 못하는 나 대신 울어주는 친구가 있는 삶을 살아왔다면, 적어도 못난 인생은 아닐 거라며.

침묵의 이면

 엄마 생신이라 두 달 만에 본가에 왔다. 아빠와 둘이 식탁에 마주 보고 앉아 저녁을 먹었다. 평소였으면 말없이 먹기만 했을 아빠가 무슨 일인지 먼저 입을 연다. 회사를 그만둔 지 이제 일 년이 넘어가는데 앞으로 어떻게 지낼 생각이냐고 물었다. 계속 이러고 지낼 거냐며, 그동안 꺼내지 못하고 담아두기만 한 말을 한꺼번에 쏟아내기 시작했다.

 그 말에, 나 또한 처음으로 속에만 담아 둔 모든 마음을 하나씩 꺼내 보였다. 개발자라는 안정적인 직업과 적지 않은 보수로 대우해 준 회사. 그 모든 것을 포기하고 스스로 그만둘 만큼 대체 무엇이 나를 이토록 괴롭게 만든 것인지. 지금은 어떠한 마음으로 지내고 있으며, 글을 쓰고 책을 만드는 일이 대체 내게 어떤 의미인지.

오고 가는 질문과 대답 속에, 내 마음이 부디 왜곡되지 않고 온전히 전해지기를 바랐다. 조금이나마 나를 헤아려줬으면 하는 마음이 간절했다. 결코 충동적인 선택이 아니었음을. 나약해서 버티지 못해 그만둔 것이 아니었음을. 한순간의 결정이 아닌 지나온 삶의 총합에서 비롯된 것이었음을 말하고 싶었다.

퇴사 후 일 년 반이라는 긴 시간을 관통하고 나서야, 우리는 서로의 생각을 조심스레 꺼내어 보여줄 수 있었다. 비록 명확한 결론을 내리지 못한 채 대화는 끝났지만, 그럼에도 분명히 알게 된 사실이 있다.

아빠는 그 누구보다 나를 걱정하고 있었다는 것을. 그 무거운 마음에 짓눌려, 그동안 말 대신 침묵을 선택해 왔다는 것을. 나만큼이나, 어쩌면 나보다 더 깊은 고민들로 아파하고 있었다는 것을. 가장 오랜 세월 나를 아끼고 사랑해 온 사람이라는 것을.

언제나 내 곁을 지켜왔고, 앞으로도 내 삶의 한 자리에 묵묵히 머물러 줄 사람이라는 것을.

사랑이 머문 자리

나는 글쓰기를 사랑한다. 그러나 나는 그림 그리기를 더욱 사랑한다. 글 없는 나는 있을 수 있어도, 그림 없는 나는 있을 수 없기 때문이다.

1984년 4월, 천경자
천경자 〈사랑이 깊으면 외로움도 깊어라〉

*

나는 혼자 보내는 시간을 사랑한다. 그러나 사람들과 시선을 나누는 일을 더욱 사랑한다. 혼자 보내는 시간이 없는 나는 있을 수 있어도, 시선을 나누는 일 없는 나는 있을 수 없는 까닭이다. 온기를 나누지 못하는 삶은 마음에 텅 빈 구멍 하나를 품고 사는 일이 아닐까.

혼자만의 시간이 누구보다 필요한 사람일지라도, 주파수가 맞는 사람들과의 시간에서만 감각할 수 있는 충만함을 넘어설 수 있을까. 사람은 오직 사람에게서만 채울 수 있는 것이 있다. 책을 읽고, 글을 쓰고, 산책을 하고, 영화를 보며 현실을 이겨 내 보려 해도 사람의 온기로만 채울 수 있는 것이 있기 마련이다.

다른 것들로 채우려 하지 말고 곁에 있는 사람들을 있는 힘껏 더 사랑해야지. 서로의 눈을 마주하고, 목소리의 진동을 느끼고, 함께 머무는 이 공간의 분위기를 나누고. 사람은 사람과 함께일 때 비로소 온전해질 수 있다는 것을 잊지 말아야지.

그리며 그리는

그리다

1. 연필, 붓 따위로 어떤 사물의 모양을 선이나 색으로 나타내다
2. 사랑하는 마음으로 간절히 생각하다

*

영화 〈룩백〉을 보며 영화 〈타오르는 여인의 초상〉의 한 장면을 떠올렸다. 두 영화 모두 누군가를 그리며, 그린다. 그리고 뒤도 보지 않고 달린다. 뒤도 보지 않고 달릴 수 있었던 것은 언제나 뒤를 지켜주는 사람이 있었기 때문이 아니었을까.

내가 무엇을 하든, 어떤 선택을 하든, 지지하고

응원해 주는 단 한 사람. 세상에 영원한 건 없다지만, 그럼에도 영원히 곁에 머물러 줄 것만 같은 내 편이 있다는 건 무슨 기분일까.

하루의 끝에서 서로의 눈을 마주하고 일상의 조각들을 나누는 일. 그 과분한 일이 언젠가 내 삶에도 찾아와 준다면 룩백의 후지노가 그랬던 것처럼, 타오르는 여인의 초상의 엘로이즈가 그랬던 것처럼, 그 사람이 뒤돌아보지 않고 달릴 수 있도록 곁을 지켜주고 싶다.

시간이 흐르고 모든 것이 변한다 해도, 이 마음만은 변치 않고 그 자리에 머물러 주기를 간절히 바란다.

---

*   <타오르는 여인의 초상>, 셀린 시아마, 2020
*   <룩백>, 오시야마 키요타카, 2024

고유의 색

"누군가와 함께하려면 내가 가진 색이 연해야 하는 것 같아요. 상대가 가족이든, 연인이든, 친구든, 내가 검은색이면 누굴 만나도 다 검은색으로 물들여 버리는데, 그런 사람이 대체 누굴 만날 수 있겠어요. 현지 씨가 검은색인 사람을 만났으니 그동안 힘들었던 건 당연한 거예요."

누군가와 함께하려면 나란 사람의 색이 지나치게 짙지 않아야 한다. 그렇지 않으면, 상대의 고유한 색을 내 색으로 전부 덮어버릴 테니까. 그러한 행동은 한 사람의 존재를 무참히 짓밟는 행위와 다를 바 없지 않을까.

*

　타인에게 좋은 모습만 보이려는 행동은 관계 맺음에 있어 최선의 선택은 아닐 것이다. 곁을 지켜주는 사람에게라도 마음의 민낯을 솔직하게 드러내 보이는 것. 내가 어떤 색을 가진 사람인지 알아갈 수 있도록 기꺼이 마음의 문을 열어주는 것.

　소중한 인연이라면, 벽을 세우지 않고 정면으로 얼굴을 마주하는 것이 상대방에 대한 최소한의 예의이자 배려일 것이다.

마음이 접히는 곳

대화가 자연스레 이어지는 것은 외향성이나 내향성 같은 성향의 일치보다는 서로의 마음이 얼마나 잘 맞물리는지에 달린 것이 아닐까.

사석에서 처음 만난 내향적인 두 사람이 마주 앉아, 쉬지 않고 일곱 시간을 함께한 시간을 되돌아보면, 헤어지기 직전까지 할 말이 남아 아쉬운 마음으로 다음 만남을 기약했던 모습을 떠올려 보면, 유난히 잘 포개어지는 만남이 있다는 사실을 깨닫게 된다.

말 한마디라도 진심을 담아 건네고 상대의 이야기에 귀 기울이는 마음 덕분이 아니었을까. 목소리를 타고 흐르는 다정한 마음들. 독서를 하다가 문장을 기억하려고 연필로 밑줄 긋고 귀퉁이를 접는 마음과 비슷한 마음.

이런 인연을 만나면 단단히 봉해 놓은 마음도 한 치의 망설임 없이 활짝 열어버리게 된다. 내가 어떤 말을 하든, 어떤 사람이든, 그저 있는 그대로 바라봐 줄 거라는 믿음에.

진심을 주고받는 일. 그 귀한 마음을 펼쳐 읽고 다시 곱게 접어 고이 간직한다.

감각의 흔적

기억은 희미해지거나 사라지지만 그 순간에 느꼈던 감각은 여전히 또렷하게 남아 있다.

좋아하는 사람 곁에 가면 났던 은은한 향수 냄새, 주고받은 눈빛, 줄 이어폰을 한 쪽씩 나눠 끼고 가사를 보며 노래를 들었던 순간의 설렘, 손과 손이 스칠 때 피어오른 미묘한 감각 같은 것들.

그 흔적들은 시간의 흐름에도 쉽게 희석되지 않는다. 장면이 아닌 감각으로 깊이 새겨져 오래도록 기억되기 마련이다.

손목 위의 시간

지니고 다니는 물건 중 가장 오래된 것이 있다. 얇은 검정 가죽 줄에 금장 테를 두른 정사각형 모양의 손목시계. 육 년 전, 회사에 입사한 기념으로 엄마에게 선물 받은 시계다.

입사가 확정되고 연수원에 들어가기 전 주어진 삼 주간의 자유 시간. 취업 준비로 몇 년간 미뤄왔던 해외여행을 엄마와 함께 떠나기로 했다.

출국 수속을 마치고 면세점을 둘러보던 중, 필요한 물건을 사주고 싶다는 엄마의 말에 고른 것이 이 시계였다. 원하는 모든 조건을 갖춘 시계. 검은색의 얇은 가죽 줄과 금장 테, 크지 않은 사각형 모양의 시계 알.

그날 이후로 외출할 때마다 늘 왼쪽 손목에 차고 다녔다. 급하게 집을 나서느라 챙기지 못하고 외출한 날이면 그 허전함에 왼쪽 손목을 자꾸만 만지작거릴 만큼.

그로부터 얼마 지나지 않아 애플워치가 출시되면서 스마트 워치가 유행하기 시작했다. 이미 애플 생태계에 깊이 발을 들여놓은 상태였기에 당연하다는 듯 애플워치를 구매해 한동안 차고 다녔지만, 그리 오래가지는 못했다. 다시 원래 차고 다니던 시계로 손을 뻗었기 때문이다. 디지털보다 아날로그 시계를 선호해서 내린 선택은 아니었다. 그런 단순한 이유였다면 이렇게 오랜 시간 이 시계만을 고집스럽게 차고 다니지는 않았을 것이다.

몇 달 전, 시계를 차다가 손에서 놓쳐 버려 알에 크게 금이 갔다. 시침과 분침이 보이지 않아 더 이상 차고 다닐 수 없을 정도로 상태가 좋지 않았다. 비싼 시계도 아니고, 육 년 넘게 매일 차고 다녔으니 새로운 시계를 살 법도 했지만, 발걸음은 자연스레 한 곳으로 향했다. 살면서 처음 가 본 동네 금은방으로.

시계를 맡기고 집으로 돌아오는 길에 알 수 없는 허전함이 밀려왔다. 생명도 아닌 물건 하나에 왜 이렇게까지 마음이 쓰이는 건지, 그 애틋함은 도대체 어디에서 비롯된 건지 의문이 뒤따랐다.

시계를 지니고 다닌 육 년이라는 세월을 지나오며 많은 것이 변했다. 입사를 했고, 근무지가 바뀌면서 생애 첫 자취를 시작했으며, 팀을 옮기고 일 년 뒤에는 직장을 그만두었다. 그 사이 두 번의 연애와 이별을 겪었고, 인연이 되어 주었던 수많은 사람들이 곁을 스쳐 지나갔다.

며칠 전, 아이폰 사진첩을 정리하던 중 우연히 처음 찍은 사진으로 거슬러 올라가게 되었다. 그 사진 속에서도 나의 왼쪽 손목에는 이 시계가 자리 잡고 있었다.

나는 시계라는 물건이 아니라 지나간 순간의 조각들을 부여잡고 싶었던 건지도 모르겠다. 시계를 보면 떠오르는 기억과 인연을 어떻게든 간직하고 싶었던 거겠지.

시계 알이 바닥에 떨어져 산산조각 나버린 그 순간, 지나온 시절의 추억과 기억, 그리고 사람들과의 만남이 모두 없던 일이 되어버릴 것 같았다. 그 소멸의 상실감을 견뎌 낼 자신이 없었고, 그래서 살면서 한 번도 가본 적 없는 금은방으로 시계를 데려간 것이다. 제발 원래대로 되돌려 달라며.

이쯤에서 보내야 했는데, 놓아주는 게 맞는데 나의 이기심으로 억지로 붙잡아 다시 이어 붙인 것인지도 모른다. 지금도 무엇이 옳은 선택이었는지는 알 수 없지만, 그렇게라도 지나간 모든 것을 끌어안고 싶었다.

평범함에 대하여

　영화 〈괴물〉의 각본을 쓴 사카모토 유지는 말했다. 단 한 명의 외로운 사람을 위해 이 작품을 썼다고. 누군가를 위해 온 마음을 다하는 마음은 어떤 마음일까. 내면의 고독에 깊이 침잠하고 있는 그를 위해, 작은 불빛이라도 내어 주고 싶은 마음이었을지도 모르겠다.

*

　다르다는 이유로 멸시와 고통을 받는 삶. 그저 좋아하는 것을 좋아했을 뿐인데, 좋아한다고 말했을 뿐인데. 사랑받아야 할 주변 사람들에게 존재 자체를 부정당하고 질타받는다. 무언가를 좋아하고 싫어하는 것은 의지의 영역이 아님에도 불구하고.

마음이 향하는 방향으로 나아가지 못하는 삶에는 무엇이 남을까. 그대로 두면 알아서 흘러가는 삶을 살게 되는 것일까. 그렇다면 대체 어디로 흘러가게 되는 것일까. 멀리서 그저 관조하고만 있다면 아무 일도 일어나지 않고, 새롭게 태어나지도 못하는 삶을 살 텐데.

새로 태어나면 이전과는 다른 삶을 살 수 있을까. 자신을 숨기지 않아도 되고, 괴물로 여기지 않아도 되는, 그런 세상에서. 아무런 조건 없이 존재만으로 온전히 받아들여지는 세상에서.

*

"누구에게도 말 못 할 일이라면 후- 불어."

교장 선생님이 고통의 숨결을 트럼펫에 토해내듯, 그런 존재 하나쯤은 내 삶에도 있어야겠다는 생각이 들었다. 나는 어디에 그 숨결을 토해낼 수 있을까. 평생을 그림자처럼 끈질기게 따라다닐 고통과 불안, 내면의 갈등 같은 것들. 누구에게도 말할 수 없는 홀로 짊어지고 가야 할 무게들. 그들을 잠시라도 내려놓을 수 있는 곳은 어디일까. 그 곳을 찾을 수 있을까.

만약 그곳에 모든 것을 흘려보낼 수 있다면, 찰나의 평화라도 마주할 수 있을까.

*

엄마의 바람이라며 엄마가 미나토에게 건넨 '평범한' 가정을 만들기를 바란다는 말 한마디. 선생님이 가볍게 던진 남자답지 못하다는 말. 악의 없이 내뱉는 그들의 말들. 당연하다고 여기며 입 밖으로 쏟아낸 말들이 다름을 괴물로 만들어 버린다.

엄마가 운전하는 차 안에서 평범한 가정을 만들기를 바란다는 말을 들은 미나토의 마음은 어땠을까. 하염없이 무너져 내렸을까. 관객의 눈에는 미나토가 그 말을 듣자마자 달리는 차 문을 열고 뛰어내린 행동이 '비정상'적으로 보였겠지만 그로서는 그것이 최선의 선택이었을 것이다.

자신이 정상의 범주에서 벗어나는 사람이라고 느꼈을 그가 괴로움에서 벗어나기 위해서는 그곳에서 사라지는 방법밖에 없었을 테니. 그것이 자신을 구원할 수 있는 유일한 선택지였을 테니까.

평범함이란 대체 무엇인가. 다수가 향하는 방향으로, 그들의 흐름을 따라가면 평범해지는 것인가.

평범하게 사는 것이 보통의 삶이라면 그 삶이 정답이 될 수 있는 것인지. 정답으로 가면 무엇이 남는 것이며, 끝내 우리에게 남는 것은 무엇인지.

---

* <괴물>, 고레에다 히로카즈, 2023

흐려진 경계

가끔은 전혀 다른 두 사람이 만나 벽 안에 갇힌 하나의 세계를 연다. 영화 〈그린 북〉은 1960년대 미국 남부, 인종 차별과 편견이 만연했던 시대를 배경으로 한다. 명망 높은 흑인 피아니스트 셜리와 인종에 대한 고정관념을 가진 백인 운전기사 토니. 그들은 공연을 위해 두 달간 미국 남부로 투어를 떠난다.

영화는 단지 과거의 이야기에 머물지 않고, 현재의 우리에게도 여전히 유효한 중요한 질문을 던진다.

토니와 셜리는 상반된 세계에 산다. 토니는 생계에 쫓기는 이탈리아계 미국인으로, 무뚝뚝하고 거칠다. 음악에 무지하고 교양과도 거리가 멀다. 하지만 가족을 향한 애정만큼은 누구보다 진실하며, 자신만의 방식으로 주변 사람들을 지키고자 한다. 그는 인종에 대한 선입견을 품고 있지만 셜리의 운전기사로 고용되어 함께 투어를 돌면서 조금씩 변하는 모습을 보인다.

셜리는 무대 위에서는 찬사를 받지만, 무대 아래로 내려오면 피부색 하나로 철저히 배척당한다. 백인 사회는 그의 음악만 소비할 뿐 인간으로서의 존엄은 외면한다. 흑인 사회에서도 마찬가지다. 음악적 취향과 말투, 생활 방식이 '흑인답지 않다'는 이유로. 그는 성 소수자로서 또 다른 차별의 대상이 된다.

그렇게 어디에도 온전히 닿지 못한 채 깊은 고독 속을 부유하며 살아가는 셜리. 그가 토해내듯 입 밖으로 내뱉은 말이 오랜 시간 곁을 맴돌았다.

"그래. 난 성에 살아, 토니. 혼자서. 돈 많은 백

인이 피아노 치라고 돈을 주지. 문화인 기분 좀 내보려고. 하지만 무대에서 내려오는 순간, 그 사람들에게 나도 그냥 깜둥이일 뿐이야. 그게 그들의 진짜 문화니까. 그런데 하소연할 곳도 없어. 내 사람들도 날 거부하거든. 자신들과 다르다면서. 충분히 백인답지도 않고, 충분히 흑인답지도 않고, 충분히 남자답지도 않으면, 난 대체 뭐지?"

그의 말은 단순히 그 시대의 차별을 넘어 지금도 많은 이들이 느끼는 소외와 고립의 감정을 대변하는 듯했다.

'나는 어디에 속하는가?'라는 질문.

누구나 한 번쯤 나 자신에게 던져보는 질문이 아닐까. 우리는 언제든, 어디에서나, 소수자가 될 수 있다. 집단에서 혼자 다른 생각을 품거나, 다수와 다른 취향을 드러내는 순간 선명한 낙인이 찍힌다. 우리와는 어울리지 않는 사람이라는.

나 또한 회사에 소속되어 살아갈 당시에는, 나를 온전히 드러내지 못한 채 그저 기대에 부응하려 애썼다. 솔직하게 나를 드러내기보다는 감추는 일에 익숙해졌고, 점점 더 깊고 보이지 않는 심연으로 숨어 들어갔다.

결국 어디에서도 온전한 소속감을 느끼지 못한 채 많은 날을 설리처럼 홀로 서 있었다. 내가 되지 못한 채, 바깥에 머무는 사람으로.

토니의 변화는 또 다른 질문을 던진다. 처음엔 설리를 단순 고용인으로만 대하며, 흑인에 대한 선입견을 숨기지 않는다. 그러나 그의 차별을 목격하면서 점차 이해하고 보호하며 연대하는 모습을 보인다.

나는 지금까지 어떠한 마음으로 타인을 바라보았던가. 내가 이해하지 못하는 것, 불편하다고 느끼는 것, 그 모든 것은 나의 무지에서 비롯된 것이 아니었을까. 나의 그릇된 편견이 시야를 가로막고 있던 것은 아니었을까. 완전히 이해할 수 없음에도 인정하고, 다름에도 불구하고 함께 걸어가겠다는 결심. 그곳에서부터 연대가 시작되는 것이 아닐까.

성별, 종교, 성적 지향, 계층, 심지어는 음악이나 책의 취향까지도 사람들 사이에 벽을 세운다. 그 견고한 장벽을 허물고 나란히 걷는 일은 결코 쉽지 않을 것이다.

하지만 셜리와 토니가 보여준 것처럼 다름을 받아들이고 느슨하게 연대하며 나아간다면, 긴 겨울 끝에 봄이 오듯 우리가 머무는 이곳 또한 언젠가는 서서히 온기로 물들어 갈 것이라는 믿음을 품어본다.

---

*   <그린 북>, 피터 패럴리, 2019

겨울 산책

겨울 풍경을 떠올리면 서늘하고 차가운 무채색의 이미지가 먼저 스며들곤 했다. 한 작가의 미술 작품을 만나기 전까지는. 〈Winter Stroll〉이라는 주제로 열린 전시는 겨울을 담은 그림들로 가득했지만, 그 공간은 온기로 붉게 물들어 있었다.

겨울의 황량한 거리를 밝히는 노란 불빛 같은 따스함, 소복이 쌓인 눈처럼 포근한 안락함, 모든 것이 제자리를 찾아 돌아간 듯한 고요함이 공간을 부드럽게 감싸고 있었다.

결국 글도, 그림도, 사진도, 모든 창작물에는 창작자의 결이 배어날 수밖에 없는 것이 아닐까. 마치 사람의 말투처럼, 의지나 노력으로는 빚어낼 수 없는 그 사람만의 고유한 온도가 스며들듯이.

그래서일까. 따뜻함이 깃든 작품을 마주할 때면, 유난히 오랜 시간 그 작품 앞에 서성이며 눈길을 내어 준다. 온기가 희미해지는 시대에도, 불씨를 간직하며 살아가는 이들의 창작물을 바라보는 일은 무엇보다 귀하다. 그들이 남긴 작품을 바라보며 차갑게 식어버린 마음을 데울 수 있으니.

결국 만물의 빛과 온도는 그것을 바라보는 이의 마음에 달린 것이 아닐까. 겨울을 바라보는 한 사람의 상냥한 시선이, 나에게 새로운 겨울을 선물해 주었듯이. 이제는 겨울을 떠올리면 황량함보다 온기의 잔상이 먼저 떠오르듯이.

---

* <Winter Stroll>, 임수진 작가 개인전, 2024

각자의 파동

강릉 경포호에 왔다. 물 위를 미끄러지듯 헤엄치는 오리 두 마리. 서로 적당한 거리를 유지한 채 각자의 파동을 만들어낸다. 가까워지려는 듯, 멀어지려는 듯, 물결은 서로에게 다가가다 이내 흩어진다. 서로 다른 두 파동이 부드럽게 교차하고 부서지며 물 위에 또 다른 이야기를 남긴다.

사람 사이의 관계도 이와 비슷하지 않을까. 우리는 저마다의 파동을 그리며 살아간다. 그 파동이 다른 이와 교차해 새로운 형태의 파문을 만들기도 하고, 때로는 멀어져 각자의 길을 걷기도 한다. 서로에게 무언가를 전하고, 그 안에서 자신을 발견하기도 하면서.

같은 물 위에 있지만 각자의 속도와 방향으로 나아가는 사람들. 누구의 파동이 옳거나 그르다고 할 수는 없다. 오직 각자가 남긴 흔적만이 물결칠 뿐이다.

그렇게 우리는 매일 각자의 파동을 일으키며 살아간다.

일상의 궤적

 영화 〈퍼펙트 데이즈〉는 도쿄 시부야의 공중화장실을 청소하며 살아가는 주인공 히라야마가 일상에서 작은 행복과 삶의 의미를 발견하는 이야기를 그린다. 영화가 상영되는 두 시간 동안 히라야마의 하루는 비슷한 패턴으로 반복된다.

 비질 소리에 깨어나는 아침. 눈을 뜨자마자 이부자리를 반듯하게 개고, 작은 화분에 물을 준다. 현관을 나서며 하늘을 한 번 올려다본 뒤 옅은 웃음을 지으며 하루를 시작한다. 집 앞 자판기에 동전을 넣어 캔 커피를 뽑고, 꾸준히 수집한 올드팝 카세트테이프를 들으며 일터로 향한다.

 그의 하루는 언제나 조용하고 성실하다. 화장실

청소도 예외는 아니다. 묵묵히 정성을 들여 공간을 닦아낸다. 점심시간이 되면 인근 사찰의 벤치에 앉아 샌드위치와 우유로 간단히 끼니를 해결하고, 매일 같은 자리에서 올림푸스 흑백 필름 카메라로 나무 사이로 스며드는 햇살인 코모레비를 담는다.

퇴근 후에는 자전거를 타고 목욕탕에 들러 하루의 고단함을 씻어낸 뒤, 지하철 역사에 있는 단골 선술집에서 하이볼 한 잔을 기울이며 하루를 마무리한다. 모든 일과를 마치고 집으로 돌아온 저녁, 머리맡의 작은 등을 켜고 책을 읽다 조용히 잠자리에 든다.

이 모든 것이 루틴으로 단단히 자리 잡은 히라야마라는 사람. 그는 어떤 인생을 살아왔을까. 대사도 거의 없이 비슷하게 반복되는 장면들 속에서 나의 시선이 머문 것은, 음악과 책, 자연에 둘러싸여 자신만의 완전한 날들을 만들어가는 한 인간의 단단한 내면이었다. 흔들리지 않는 본인만의 확고한 철학과 가치관을 지닌 사람. 조용하지만 선명하게 빛나는 그의 삶.

충실하게 자신의 일상을 지키는 삶이야말로 멋진 삶이라는 생각이 든다. 외부에 휩쓸리거나 흔들리지 않기 위해 만들어 낸 루틴일지라도, 그것이 삶의 충만함을 가져다준다면 그보다 더 중요한 것이 있을까.

특별할 것 없는 보통의 날들이지만, 순간에만 누릴 수 있는 기쁨을 온전히 만끽하는 일. 결국 삶의 본질은 삶을 바라보는 시선에 달린 것이 아닐까. 단순하고 반복적인 일상일지라도 자신만의 의미를 부여하고 그 안에서 나만의 행복을 찾는 것.

주인공이 잠들기 전 펼친 책 중에 고다 아야의 『나무』라는 책이 있다. 그 책의 머리말에는 이런 문장이 적혀 있다.

나무는 중심이 아니라 항상 바깥쪽에서 바깥쪽으로, 새로운 나이테를 만들어가며 성장한다. 그래

서 어떠한 상처도, 그 상처 때문에 생긴 변형도, 세월과 함께 안쪽 깊숙이 감싸 안는다.

문득, 나무가 우리의 삶이라면 나이테는 우리가 견고하게 쌓아 올린 루틴과도 같다는 생각이 들었다. 무수한 상처를 품은 채 무심히 흐르는 세월을 끌어안고 나아가게 하는 내면의 단단함. 그것은 결국 외부가 아닌 내 안에서 비롯되는 것이었다.

---

* <퍼펙트 데이즈>, 빔 벤더스, 2024

순간을 살아내는 일

영화 〈원더풀 라이프〉는 천국으로 가기 전 머무는 중간역, 림보에서의 이야기를 그린다. 세상을 떠난 이들은 이곳에서 칠 일간 머물며 인생에서 가장 소중한 기억 하나를 선택해야 한다. 림보의 직원들은 그 추억을 짧은 영화로 재현해, 그들을 영원의 세계로 인도한다. 그리고 묻는다.

영원히 간직하고 싶은 순간이 당신의 인생에도 있는지. 단 한 가지 기억만 가지고 떠나야 한다면, 당신은 어떤 순간을 택할 것인지.

이 질문은 지나온 인생을 반추하게 한다. 이동진 영화 평론가는 "평론가님은 행복하신가요?"라는 질문에, 인생에서 가장 중요한 것이 행복은 아니라고 답했다. 행복하지 않더라도 충분히 좋은 삶을 살 수 있으며, 중요한 것은 '행복'한 삶이 아닌 내 기준에서 '좋은' 삶이면 충분하다는 의미였다.

좋은 삶이 꼭 대단한 무언가를 필요로 하는 것은 아닐 것이다. 별다른 일 없는 조용한 하루, 혼자 보내는 평온한 시간, 곁에 있는 사람들과 소소하지만 잦은 기쁨을 누리는 일, 어제와 다를 바 없는 무탈한 오늘을 보내는 것만으로도 충분하다는 생각이 든다.

며칠 전, 친구와 광화문에서 시간을 보냈다. 추천받은 돈가스 가게에서 만나, 그동안 밀린 근황을 나누고 우리가 좋아하는 책들로 가득한 광화문 교보문고로 향했다.

서로에게 선물할 책을 고르던 중, 익숙한 파란색 표지가 눈에 들어왔다. 보자마자 어린 왕자를 좋아해서 집에도 여러 권 있다고 말한 친구의 말이 떠올랐다. 어린 왕자를 좋아하면 분명 이 책도 좋아할 것 같아 『소년과 두더지와 여우와 말』이라는 책을 친구에게 건넸다. 그렇게 서로에게 받은 책 한 권씩 품에 안고 서촌으로 걸음을 옮겼다.

공휴일이라 가려던 카페마다 만석인 탓에 빈자리가 보이는 곳으로 무작정 들어갔다. 마침 카페 한쪽에 엽서와 색연필이 비치되어 있어, 우리는 서로에게 짧은 편지를 쓰기로 했다. 색연필이 종이를 스칠 때의 부드럽고 둥글둥글한 감촉이 손끝에 남아 어쩐지 기분이 좋았다.

편지를 주고받고 디저트를 먹으며 서로 선물한 책을 조금 읽다가 해가 뉘엿뉘엿 질 무렵, 경복궁으로 산책을 나섰다. 주변 풍경을 바라보며 이야기를 나누던 중에 몇백 년은 족히 되어 보이는 몸통이 굵은 나무가 눈에 들어왔다.

그 나무를 보며 인간의 삶은 찰나에 불과하다는 이야기를 나누었다. 나뭇잎이 모두 같은 연둣빛을 띠지 않는다는 것은 볼 때마다 신기하고, 그래서 더 아름다운 것 같다고 말하며 우리는 한동안 말없이 나무만 바라보았다. 그렇게 한참을 걸으며 완연한 가을을 온몸으로 만끽했다.

 이처럼 나에게 좋은 삶이란, 사랑하는 이들과 일상에서 소소한 기쁨을 함께 나누는 것이다. 인생을 너무 진지하거나 심오하게 바라보지 않기로 했다. 거대한 성취만이 의미 있는 인생을 만드는 것은 아닐 테니까.

 생의 끝자락에서 지나온 길을 되돌아보았을 때, 무언가를 이룬 순간보다 사랑하는 이들과 함께한 순간들이 더욱 선명하게 떠오르기를 바란다. 무수한 추억이 스쳐 지나가기를. 그리고 나 역시 누군가의 소중한 기억이 되기를. 마지막까지 사람과 사랑이 머무는 그런 삶을 살기를, 소망한다.

 우리는 하루, 일주일, 한 달, 일 년을 반복하며 삶의 종착점을 향해 서서히 걸음을 옮긴다. 생의 끝은 죽음이지만, 중요한 것은 시간의 가장 작은 단위인 순간을 충실히 살아내는 일이 아닐까. 우리가 유일하게 바꿀 수 있는 것은 찰나의 순간뿐이고, 그 순간들이 모여 하루를 이루고 인생이 될 테니.

먼 훗날, 삶을 돌아보았을 때 영원히 간직하고 싶은 순간의 장면은 무엇일까. 나는 조금의 망설임도 없이 그 한 장면을 택할 수 있을까. 이 질문을 가슴에 품고 살아간다면, 순간을 조금은 더 성실하게 살아갈 수 있으리라는 믿음을 품어본다.

어떤 삶을 살든, 우리는 생의 마지막 순간에 마침내 완성할 수 있을 것이다. 나라는 사람을 대변할, 영원히 기억될 한 편의 영화를.

---

* <원더풀 라이프>, 고레에다 히로카즈, 2001

작은 원

 오 년 만의 가족여행. 언제가 마지막이었는지 기억도 나지 않을 만큼 오랜만에 네 식구가 한 식탁에 둘러앉았다. 자취를 시작하며 한두 달에 한 번 본가에 가고, 가족들도 각자 활동하는 시간대가 달라 매번 각자 식사를 하다 보니 이렇게 한자리에 모이는 일이 점점 더 드물어졌다.

 여행의 첫날 밤이 그냥 지나가는 게 아쉬운지 아빠가 가볍게 맥주 한 잔씩 하자며 냉장고에 시원하게 넣어 둔 맥주를 꺼내 왔다. 테라 500ml 한 캔을 따서 일회용 종이컵에 네 잔을 나눠 담았다. 아빠는 한 컵 가득, 나와 동생은 한 컵 조금 못 미치게, 한 모금만 마셔도 얼굴이 붉어지는 엄마는 반 컵만.

컵에서 소리는 나지 않았지만, 우리는 짠 소리를 내며 종이컵을 맞댔다. 점심을 먹은 지 얼마 되지 않아 저녁은 간단하게 집에서 가져온 컵라면과 숙소 편의점에서 사 온 새우깡과 마른오징어, 쥐포 같은 안주들로 해결했다.

소박하지만 그 어느 때보다 충만함으로 가득했던 밤. 가족들과 이렇게 한자리에 둘러앉아 이야기를 나눈 게 얼마 만인지. 앞으로 얼마나 더 많은 날을 함께할 수 있을지 모를 가족들과의 시간. 가족여행이 화려하고 거창할 필요는 없었다. 여행을 하며 방문하는 장소와 먹는 음식이 중요한 것이 아니었다. 그저 이렇게 한 날, 한 시, 한 공간에서 서로의 온기를 나누는 것만으로 충분했다.

충분히 행복했다.

늦은 후회

긴 설 연휴를 가족과 보내기 위해 두 달 만에 본가에 왔다. 연휴가 길어 시간도 많을 것 같아 읽으려고 쌓아둔 책을 네 권이나 챙겨왔다. 본가에 머무는 동안, 대부분의 시간을 방 안에서 책을 읽으며 보냈는데 엄마는 그게 내심 아쉬웠던 모양이다. 한 번도 서운하다고 말한 적이 없었는데 웬일인지 오늘은 먼저 이야기를 꺼낸다.

"방에서 책만 읽는다고 거실에는 나와보지도 않네. 오랜만에 온 건데 좀 서운하네."

순간 머리를 얻어맞은 것 같았다. 부정적인 이야기로 가득한 뉴스나, 무분별하게 쏟아지는 가십거리에 쉽게 피로감을 느껴 평소에는 TV를 보지 않는다. 그래서일까. 본가에 오면 늘 거실에서 TV를 보고 있는 부모님과 잠시 이야기를 나누다가 이내 방으로 슬그머니 들어가곤 했다.

하지만 TV는 부차적인 것에 불과했다. 중요한 것은 거실에 모여 같은 공간에서 대화를 나누는 일이었는데. 나는 보고 싶지 않은 TV 프로그램과 뉴스를 보며 시간을 낭비하기 싫다는 핑계로, 거실 대신 문이 굳게 닫힌 내 방을 선택해 왔던 것이다.

그게 얼마나 못난 행동이었는지, 뒤늦게 깨닫는다. 왜 이제서야 엄마의 서운한 마음을 알게 된 건지. 왜 매번 나는 늦기만 하는 건지. 언제쯤 늦기 전에 미리 행동할 수 있는 사람이 될 수 있는 건지.

음소거

 서운함은 아무 소리도 나지 않는 감정이다. 음소거된 마음처럼, 화를 내거나 슬프다며 엉엉 소리 내어 울지도 않는다. 말하지 않아도 드러나는 묵직한 침묵에 가깝다. 묻고는 싶지만, 묻는 순간 더 멀어질까 두려워 그저 조용히 감추는 날들이 반복된다.

 사소한 감정이라 가볍게 흘려보낼 수 있다고 치부해 왔지만, 여기서 떠날 생각은 없다는 듯 어느새 마음 한구석에 자리를 잡고 앉아버린다. 서운함은 둘 사이의 관계에서 당장 해결해야 할 치명적인 감정은 아닐지도 모른다. 그러나 작은 구멍 하나가 둑 전체를 무너뜨리듯, 오래 품고 있으면 두 사람 사이의 강은 서서히 메말라 간다.

척박한 땅에 금이 가고 틈이 생기기 전에, 적당한 때에 적당히 풀어야 하는데 쉽지 않은 일이다. 말을 건네는 용기가 필요하다. 그 한마디로 강물에 다시 물길이 트기 시작할 테니까.

서운함은 어쩌면 서로를 더 잘 이해하기 위한 작은 불빛 같은 감정일지도 모르겠다. 어둠에 가려 놓쳐버린 마음을 발견할 수 있는 가능성의 빛. 그렇게 비로소 마주한 마음이 서로를 더 견고히 이어줄 것이라 믿는다.

서운함을 넘어선 자리에 남는 것은 다시 사랑일 것이다. 서운함은 사랑에서 비롯되기에. 아무런 기대도, 애정도 없는 사람에게는 결코 내어주지 않는 애틋함이 짙게 물든 감정이기에.

3부

글을 쓰고 마음을 쓰며

무언의 위로

 나무 그늘 아래, 각자의 방식으로 휴식을 취하는 사람들. 쉼에 대가는 없다며 조용히 한쪽 어깨를 내어주면서 다정한 위로를 건넨다. 가만히 등을 쓸어주는 것 같기도 하고, 머리를 쓰다듬으며 팔을 벌려 나를 안아주는 듯한 기분이 들기도 한다.

 나무가 내어주는 그늘처럼, 말 없는 존재와 온기를 나누는 순간이 좋다. 선선한 바람을 타고 은은하게 퍼지는 풀 냄새, 골골거리는 고양이를 쓰다듬으며 나누는 교감, 유유히 날아가는 새의 아름다운 궤적, 지평선 너머 아득히 펼쳐진 푸른 바다, 문틈 사이로 조용히 스며들어 일렁이는 빛과 그림자.

 따뜻하고 보드라운 손을 잡는 기분.

그리울 날들

아침 일찍 약속 장소로 향하는 길. 추위에 몸을 웅크리지 않고 걸어도 될 만큼 조금은 포근해진 날씨에 발걸음이 한결 가볍다. 구름 한 점 없는 청명한 하늘을 올려다보며 오랜만에 마스크를 벗고 맑은 바깥 공기를 깊이 들이마신다.

그렇게 날씨를 만끽하며 버스 정류장으로 향하던 중, 저 앞에서 내 또래로 보이는 여성분이 지팡이로 땅을 툭툭 치며 천천히 걸어오는 모습이 눈에 들어온다.

자연의 아름다움을 두 눈으로 마주하고 온전히 감각하는 일. 그것은 결코 당연한 일이 아니었다. 세상에 당연하게 누릴 수 있는 것은 존재하지 않는다. 그저 너무 익숙해서 당연하다고 여겨왔을 뿐.

우리가 당연하다고 믿으며 누리는 것들은 언젠가 사무치게 그리운 순간이 되어 돌아오겠지. 누구에게나. 언젠가는.

밤바다

강릉에 왔다. 숙소 바로 앞이 바다라 저녁 식사를 마치고 혼자 바닷가로 나섰다. 살면서 처음으로 마주한 밤바다는 낮에는 감춰두었던 이면을 드러내듯 매섭게 파도를 몰아친다. 하얗게 부서지는 포말이 어둠 속에서 더욱 선명히 모습을 드러낸다.

때로는 눈을 감아야 비로소 보이는 것들이 있다. 사람들의 소음 속에 엉켜 있을 때는 똑바로 응시할 수 없는 내면의 근원 같은 것들. 그 실체와 정면으로 마주하기 위해서는 누구도 찾을 수 없는 깊숙한 곳으로 나를 숨겨야 한다. 이내 눈을 감고 밤바다의 소리에 가만히 마음을 기울여 본다. 타인의 주파수와 섞여 볼 수 없던 무언가가, 고요한 어둠 속에서 서서히 모습을 드러내기 시작한다.

작은 극장

 작년 십이월, 퇴사 후 처음으로 혼자 강릉으로 여행을 떠났다. 계획 없이 무작정 걸으며, 먹고 싶은 음식이 보이면 먹고, 가보고 싶었던 독립 서점에 들러 시간에 구애받지 않고 여유롭게 머물렀다. 그저 마음 가는 대로, 발길 닿는 대로.

 여행 마지막 날 아침. 추적추적 내리는 빗소리에 눈을 떴다. 서울로 돌아가기 아쉬운 마음에 떠나기 전 영화 한 편을 보고 싶어 네이버 지도를 켜 영화관을 검색하던 중, 독특한 이름 하나가 눈에 들어왔다. 무명. 주택 안 이층 다락방에서 단편 영화를 상영해 주는 작은 영화관이라는 설명이 적혀 있었다.

어떤 곳일지 궁금해 예약 창을 열어보니 오전 11시 30분 영화 딱 한 자리만 남아 있었다. 그새 자리가 찰까 봐 서둘러 예약을 마치고 무명으로 발걸음을 옮겼다.

감이 주렁주렁 열린 감나무와 너른 평상이 놓인 마당을 지나 문을 열고 들어서자, 사장님이 인자한 미소로 맞아주시며 공간을 소개해 주셨다. 바깥의 매서운 바람과는 달리, 실내는 따뜻하고 포근한 기운이 감돌았다. 영화관이라기보다는 누군가의 서재에 초대된 듯한 기분. 형광등 대신 곳곳에 놓인 조명이 은은하게 공간을 밝혔다.

어두운 우드 톤의 책장에는 영화 관련 서적이 빼곡히 꽂혀 있고, 벽면을 가득 메운 영화 포스터들, 90년대 개봉한 영화 〈접속〉과 〈8월의 크리스마스〉의 OST가 담긴 카세트테이프, 오래된 필름 카메라들까지. 영화 시작을 기다리는 사람들의 나지막한 대화 소리와 은은한 커피 향이 공간을 가득 채웠다. 모든 것이 조화로웠다.

사장님이 직접 적어주신 영화 제목, 관람 일시와 관람객 이름이 적힌 영화 티켓을 들고 바깥 계단을 따라 이층 다락방으로 올라갔다. 이십오 분간 상영된 단편 영화 관람을 마치고 내려오니, 미리 주문한 커피가 테이블 위에 가지런히 놓여 있다. 조용히 커피를 마시며 공간을 둘러보던 중, 스피커에서 영화 〈윤희에게〉의 대사가 흘러나왔다.

살다 보면 그럴 때가 있지 않니. 뭐든 더 이상 참을 수 없어질 때가.

순간 대사가 마음에 박히면서, 영화 속 대사가 나에게 건네는 무언의 위로로 다가왔다.

*

그리고 일 년 뒤, 다시 강릉을 찾았다. 무명을 그냥 지나칠 수는 없어 이번에도 서울로 돌아가기 전 마지막 날 이곳에 들렀다. '무명'이라 적힌 간판이 걸린 주택 대문 앞에 도착하자, 익숙한 풍경이 반갑게 맞아주었다. 마당 한편에 우뚝 서 있는 감나무, 담장 옆에 비스듬히 놓인 색 바랜 회색 자전거, 여전히 웃는 얼굴의 사장님, 그리고 작년에는 보지 못했던 갈색의 복슬복슬한 털을 가진 강아지 와플이까지. 녀석은 보자마자 꼬리를 흔들고 배를 활짝 보여주며 반가움을 표현한다. 이 작은 영화관은 여전히 다정한 온기로 가득했다.

하지만 달라진 점도 있었다. '다락방 영화'라고 적힌 간판이 이층 다락방 문 앞이 아닌 일층 계단 앞에 놓여 있었고, 휴게 공간의 가구 배치도 달라져 있었다. 벽면은 새로운 포스터들로 옷을 갈아입었고, 마당의 감나무는 여전했지만 작년처럼 주황빛 감이 탐스럽게 열려 있지는 않았다. 어쩐지 아쉬운 마음을 지울 수 없었다. 모든 것이 변하는 세상에서 이곳만은 변하지 않기를 바랐던 걸까.

누군가는 알아차리지 못할 미묘한 변화일 수도 있지만, 사소한 변화도 쉽게 알아차리는 나로서는 큰 변화와 다를 바 없었다. 학창 시절, 자주 가던 문

방구나 분식집이 사라졌을 때의 기분처럼. 영화관이 사라진 것은 아니었지만, 변해버린 공간을 마주하니 이곳에서의 추억과 시간마저 증발될 것만 같았다. 그래서 나도 모르게 슬프고 아쉬운 마음이 차오른 것이 아닐까.

다행인 것은 변한 만큼 여전히 남아 있는 것들도 있었다. 가정집에 온 듯한 포근함, 스피커를 통해 흘러나오는 영화 〈윤희에게〉 속 대사들, 마당의 감나무가 주는 든든함, 공간을 가득 메운 기분 좋은 커피 향까지. 공간에서의 감각과 순간의 기억은 다행히 변하지 않았다.

눈에 보이는 것들은 달라졌을지라도 보이지 않는 중요한 것들은 그대로였다.

창밖으로 떨어지는 가을빛을 보며 생각했다. 내년 이맘때쯤 다시 이곳에 올 수 있을까. 온다면 그때는 무엇이 달라져 있을까. 와플이의 털이 조금 더 길어져 있을지도, 새로운 포스터로 새 옷을 갈아입을지도, 입간판이 다른 자리에 놓여 있을지도 모르겠다.

하지만 이제는 변화를 마주하는 것이 두렵지만은 않다. 시간은 흐르고, 보이는 것들은 변할지라도 이 작은 극장처럼 변한 것 속에서도 여전히 남아 있는 것들이 분명 존재할 테니까. 다정한 마음, 몸에 새겨진 순간의 기억과 감각, 그런 소중한 것들은 언제나 흔적을 남기기 마련이니까.

극장을 떠나기 전, 방명록을 읽다 오래도록 눈길이 머문 문장 하나가 여행을 마치고 서울로 돌아가는 기차 안에서도 내내 머릿속을 맴돌았다.

마음이 답답해 직접 바다로 왔지만, 삶의 끝에는 바다가 내 안에 있었으면 좋겠어요. 마음을 들여다보는 것만으로도 시원해질 수 있게, 바다보다 큰 사람이 될 거예요.

나 또한 밖이 아닌 내 안으로 도망칠 수 있기를. 세상이 아닌 나에게로. 그렇게 단단한 사람으로 나아갈 수 있기를.

고요한 반복

 칠 년간의 직장 생활을 그만둔 지 어느덧 일 년. 혼자 집에 머무는 시간이 늘어나면서 예고 없이 무기력과 우울감이 찾아와 나를 끌어안고 놓아주지 않는 날이 있다. 불안이 증폭되고 불면의 밤이 이어진다. 되돌아보면 그런 날들은 내가 만들어 놓은 작은 루틴을 놓친 날이었다.

 자고 일어나 창문을 열고 이불을 정리하는 데 걸리는 시간은 일 분 남짓. 짧은 시간이지만 소소한 성취를 느끼며 시작하는 아침. 그 순간이 하루를 여는 작은 의식이 되어, 열심히 살아보자는 마음을 품게 만드는 에너지가 된다.

 특별한 일이 없다면 아침은 항상 청소로 시작한

다. 블라인드를 올리고 창문을 활짝 연 뒤, 침대 위 널브러진 이불을 정리한다. 신발장 앞에 세워 둔 무인양품 밀대에 정전기 포를 끼운 뒤, 8평 남짓한 작은 원룸 바닥을 닦기 시작한다. 물걸레로 마무리하고 침대 머리맡에 놓인 책을 원래 자리로 데려다준다.

청소에 이토록 마음을 쏟는 까닭은 물건에도 에너지가 있다고 믿기 때문이다. 작은 물건 하나라도 제자리를 찾지 못한 채 흩어져 있으면, 그 물건에 시선과 마음이 머물면서 에너지가 소진되는 기분이 든다. 이렇게까지 강박적으로 주변을 정리하는 습관은 가지고 있는 에너지가 적은 나 자신의 에너지 소모를 막기 위한, 스스로 만들어낸 작은 의식일지도 모르겠다.

점심을 먹고 나서는 가장 편한 운동화를 신고 밖으로 나선다. 러닝머신 위보다는 맑은 공기를 들이마시며 땅을 밟고 걷는 것이 좋아 집 근처 안양천으로 향한다. 발길 닿는 대로 한두 시간 걷다 보면 머릿속을 부유하던 생각들이 고요히 가라앉는다. 제자리를 찾아가듯이. 결코 닿을 수 없는 완벽에 대한 강박은 늘 무력감을 데려오지만, 그마저도 이 시간 속에서 조금씩 녹아든다.

하루의 끝은 요가로 닫는다. 요가원에서 수련생들과 에너지를 나누기도 하고, 가지 못한 날에는 내 방의 노란빛 작은 조명 아래서 혼자 고요히 수련에 임한다. 매트 위에서는 오롯이 몸의 감각에만 집중한다. 흐르는 땀만큼 가벼워지는 마음. 고요와 평온이 깃든다.

청소와 산책, 그리고 요가. 이 세 가지가 있기에 오늘도 무탈하게 살아가고 있는 것일지도 모른다. 『단정한 반복이 나를 살릴 거야』라는 책 제목처럼, 일상에 심어 둔 작은 루틴들이 자라나 나를 지탱해 주는 숲을 이루어준 것이 아닐까. 그 숲의 한가운데에서 오늘도 나만의 흐름에 따라 하루를 살아간다.

목공을 하며

 일 년 전부터 목공을 배우기 시작했다. 공방 입구에 들어서면 가장 먼저 쾌쾌한 나무 냄새가 반긴다. 온통 나무로 가득한 공간에서 원하는 작품을 만들어 가는 일. 머릿속으로만 그리던 작품이 손에 잡히는 결과물로 나오는 것이 목공의 매력이기도 하지만, 그보다 과정 그 자체에 깊이 매료되었다. 원하는 크기로 나무를 재단하고, 사포질로 결을 다듬고, 스테인으로 원하는 색을 입히고, 조립과 마감을 거쳐 완성해 가는 시간.

 오늘은 우드 트롤리 조립을 시작했다. 중간에 재단을 잘못하는 바람에 다시 손봐야 했지만, 빠르게 마음을 가다듬고 다시 작업에 돌입했다. 먼저 모서리를 밴드쏘로 자르고, 기계 사포로 매끄럽게 다들었다. 클램프로 단단히 고정하고 지그로 간격을 맞춘 뒤, 이중 비트로 나사가 들어갈 공간을 만들었다. 이어서 2mm 비트로 타공을 하고, 임팩트 드릴로 나사를 조여 마무리했다. 같은 과정을 반복하며 점차 형태를 갖춰 가는 작업.

그 몰입의 순간에만 감각할 수 있는 고요와 평온. 아마도 이것이 내가 목공에 이끌린 가장 근원적인 이유일 것이다. 여전히 서툴러 실수와 좌절의 연속이지만, 그럼에도 결국 완성되는 작품처럼 삶도 그렇게 흘러가지 않을까.

목공은 실력과는 상관없이 잔잔한 일상에 활력을 불어넣는다. 목공이 지금의 나에게 그렇듯, 언제든 나를 일으켜 세워줄 무언가 하나쯤은 늘 곁에 두고 살아가야 하지 않을까. 그런 의미에서, 목공을 향한 나의 조용한 애착은 앞으로도 변함없이 지속될 것이다.

*

 목수처럼 글을 다듬는 일. 문장에 맞는 적확한 단어를 찾을 때까지 매만지고 다듬는 일. 기존에 하던 개발 일을 그만둔 이후로, 꾸준히 하고 있는 일이자 잘하고 싶은 일이 목공과 글쓰기라는 말에 누군가 말했다. 당신은 오랜 시간이 필요한 일을 묵묵히 견디며 정성을 쏟는 사람일지도 모르겠다고.

 나무를 고르고 다듬어 가구를 만드는 일. 단어를 고르고 문장을 다듬어 이야기를 짓는 일. 모호한 것들에 의미를 담아주는 일이 좋다. 그것이 나를 살리고, 살게 한다.

*

 손을 씻을 때마다 나무에 베인 상처가 아리다. 거친 나무를 맨손으로 만진 탓인지 목공방에 다녀온 날에는 손에 꼭 두세 개씩 생채기를 달고 온다. 이상하게도 그게 싫지만은 않다. 좋아하는 일을 하면서 생긴 상처라 그런지 별일 아닌 듯 여겨진다.

 상처 입는 것이 당연하다고 해서 그것이 도망칠 이유가 될 수 있을까. 오히려 상처를 예상하면서도 기꺼이 뛰어드는 마음. 그런 마음으로 삶을 마주해야 하지 않을까.

요가 수련

"오늘 몸이 불편한 분 계시나요? 컨디션 다들 괜찮으세요?"

옆 사람과 몸이 부딪히지 않도록 매트 위에 적당한 간격을 두고 앉아 있는 열 명의 수련생. 다들 고개만 끄덕인다.

"정말 괜찮으신가요? 진짜로 괜찮은지 다시 여쭤보면, 그제야 어딘가 불편하다고 말씀하시는 분들이 계세요. 말로만 괜찮다고 하는 건 아닌지, 내 몸이 정말 괜찮은 건지, 알아가는 시간을 가지셨으면 좋겠어요. 몸이 신호를 보내도 모른 채 외면하고 지내다가, 결국 한꺼번에 밀려와 힘들었던 경험, 다들 있으실 거예요.

몸뿐만 아니라 마음의 건강도 항상 신경 쓰고 돌봐 주세요. 이제 눈을 감고 외부의 자극은 차단한 채, 온전히 나의 몸과 마음에 집중해 보세요. 내면의 소리에 귀 기울여 보세요."

선생님의 말씀에 눈을 감고, 한 시간 동안 오롯이 나에게 집중했다. 눈을 뜨면 보이는 것에 압도되어 동작을 따라가는 데만 마음을 쏟게 되는 날이 있다. 다른 사람들은 수월하게 따라가는데, 나만 왜 안 되는 거지. 끊임없이 비교하고, 자책한다. 수련하는 순간조차 나 자신을 다그치는 것이다.

하지만 눈을 감으면 외부로 향하던 시선이 차단되며, 오직 내 몸의 감각에만 집중할 수 있다. 타인의 움직임을 의식하지 않으니, 나의 호흡 속도에 맞춰 자연스럽게 동작을 이어 갈 수 있게 되었다.

송장 자세라고 불리는 마지막 동작. 매트 위에 누워 온몸의 힘을 빼고, 긴장했던 입가와 미간의 힘까지 모두 내려놓는다. 수련을 통해 고양된 에너지가 차분히 가라앉으며, 평온이 찾아온다. 몸이 가벼워지고 머릿속이 정화된다.

살면서 꾸준히 해 온 운동 하나 없을 정도로 쉽게 권태를 느끼는 내가 요가를 꾸준히 할 수 있던 까닭은, 잘해야 한다는 강박이 없었기 때문일 것이다. 더 잘 해내야 한다는 압박이나 재촉도 없고, 내가 할 수 있는 만큼만 자세를 유지하면 된다. 무엇보다, 단단하게 변해 가는 정신과 육체가 요가를 꾸준히 하도록 이끌었다.

몸 하나 겨우 널 수 있는 작은 매트 위에서 나 자신과 대화하는 시간. 그 시간이 올곧은 정신과 건강한 육체로 이어지는 것을 감각한 이상, 나는 요가를 놓을 수 없었다. 생각이 많아지고, 나를 의심하는 시간이 부풀어 가는 시기에는 더 부지런히 몸을 움직이며 수련에 임했다.

"마지막까지 수고 많으셨습니다. 오늘 하루 애쓴 나를 칭찬해 주세요. 동작을 완벽히 하지 못했더라도 괜찮아요. 허리를 곧게 펴진 못했지만, 손은 활짝 뻗은 자신을 칭찬해 주세요. 잘하지 않아도 괜찮아요. 무리하지 않고 몸이 허락하는 만큼만, 내 몸이 괜찮다고 느끼는 만큼만 해 주세요. 중요한 건 잘하는 것이 아니라, 최선을 다한 나를 인정해 주는 거예요. 우리 모두 자신에게 솔직해져 봐요."

매번 나 자신을 완벽이라는 벼랑 끝으로 몰아붙였다. 극에 달하려는 매 순간, 요가는 다정하게 손을 내밀어 주었다. 추락할 뻔한 나를 구원해 준 것이다. 뭐든 극으로 치닫는 것은 좋지 않다며 잠시 쉬어갈 수 있게 해 주었다. 살아가는 것 자체가 수련이니, 조급해하며 자신을 밀어붙이지 말라고. 수련하듯 살라고.

요가를 하며 짊어지지 않아도 될 무게를 조금씩 내려놓는 연습을 하고 있다. 자신에게 관대해지는 연습. 몸과 마음, 그리고 정신은 서로 연결되어 있어 어느 하나가 흔들리면 모든 것이 무너지고 만다. 쉽게 무너지지 않도록, 타인의 시선으로 쌓아 올린

벽을 허물고 그 자리에 나만의 벽을 다시 견고히 세워 가고 있다.

　요가원에 가서 동작을 해내고, 마음을 들여다보려 애쓰는 일. 그것은 나 자신을 사랑하고 있다는, 작지만 선명한 증거가 아닐까. 누군가는 그림을 그리고, 누군가는 산책을 하며 자신을 돌보듯이.

　오늘도 나는 보이지 않는 사랑의 흔적을 조금 더 선명히 새기기 위해 깨끗하게 세탁한 요가복을 입고 요가원으로 향한다.

알 수 없는 것

 글을 쓰고 책을 만드는 일. 누가 시켜서 한 일이 아닌, 살면서 처음으로 스스로 좋아하게 된 일. 그래서 더 잘하고 싶은 욕심이 생기는 일. 처음으로 내가 한 일로 성취감과 보람을 느끼게 해 준 일.

 이런 일을 두고, 나를 불행하게 만든 곳으로 다시 돌아갈 자신이 없다. 경제적 안정이 삶의 전부는 아니라는 것을, 몸과 마음 모두 무참히 무너진 끝에 깨달았기 때문이다. 어떻게든 내 힘으로 다시 일어서고 싶었기에, 내가 선택한 길을 반드시 옳은 길로 만들고 싶었다.

 하지만 마음이 나약해질 때면, 타인의 말 한마디에도 쉽게 흔들리고 무너진다. 내가 가고자 하는 방향으로 가지 못하고 이리저리 휘둘리면서. 땅에 깊이 뿌리 내린 나무처럼 단단한 마음을 품고 싶은데 어찌 된 까닭인지 오히려 삶에 대한 의문만 깊어져 간다.

왜 점점 알 수 없는 것들만 쌓여 가는지. 왜 모든 일에는 이토록 많은 용기와 결심이 필요한 것인지.

연필과 흰 종이

 누군가에게 말을 걸고 싶은 날이면, 입을 떼는 대신 연필을 손에 움켜쥔다. 그 선택이 왠지 더 편하고 자연스럽다. 부유하는 생각의 파편들을 흰 종이 위에 하나씩 내려놓으며 차분히 마음을 돌아볼 수 있기 때문인지도 모르겠다.

 곁에 머물러 주는 이들에게 아름다운 편지를 써서 전할 수 있다면, 그 마음이 온전히 닿을 수 있다면 얼마나 기쁠까. 보이지 않는 생각과 감정을 한 점의 왜곡도 없이, 투명하게 새하얀 편지지 위에 담아낼 수 있다면 좋을 텐데. 마음을 온전히 전하고 싶은 날이 찾아올 때마다 글을 더 잘 쓰고 싶다는 간절한 바람도 함께 피어난다.

쓴다는 것

글에 빚지며 살아가고 있다. 그동안 기록을 하고, 책에 들어갈 원고를 쓰며, 누군가에게 읽히기 위한 글을 쓰고 있다고 생각했지만, 그것은 오만한 착각이었다.

사실 나는 필사적으로 나 자신에게 들려주고 싶은 말을 쓰고 있었다. 누군가에게 간절히 듣고 싶었던 말들을. 그 글이 나를 살리고, 무너지지 않도록 곁에서 부축해 주었으며, 주저앉아도 다시 일어설 수 있도록 다정히 손 내밀어 주었다.

이 사실을 알게 된 이상, 나는 글을 쓰기 전의 삶으로 돌아갈 수 없을 것이다.

*

 쓰는 행위가 뭉툭하게 알고 있던 나를 뾰족하게 알아갈 수 있도록 해준다. 쓸 때마다 내면의 깊은 곳으로 향하는 징검다리를 하나씩 건너는 듯하다. 마침내 닿은 자리에서, 내면 깊숙이 웅크리고 있던 나를 발견한다. 아직 찾지 못한 내가 너무 많다. 눈을 감고 외면하며 살아온 지난날들. 더 늦기 전에 치열하게 찾고 싶다.

*

 매일 긴 글을 쓰지 못하더라도, 오늘 남긴 단어 하나, 문장 한 줄이 언젠가 영감이 되어 긴 글로 이어질 날이 올 것이라 믿는다. 그래서 매일 기록하는 것을 게을리하지 않기로 했다. 나의 작은 파편들이 무엇이 될지는 시간이 흐른 뒤에야 알 수 있을 테니, 모호한 덩어리로라도 부지런히 남겨 두기로 한다. 묵묵히, 성실하게, 그리고 꾸준히.

준비운동

 글을 잘 쓰고 싶은데 마음처럼 되지 않아 속상한 마음이 밀려온다. 좋아하는 일이니 잘하고 싶은 마음이 드는 것은 당연한 거겠지. 좋아하는 마음. 잘하고 싶은 마음. 그 마음이 없었다면 속상할 일도 없었겠지. 속상함의 농도가 짙다는 것은 그만큼 그 대상이 소중하고 귀하다는 의미일 테니.

 무언가를 할 때 중요한 것은 방법보다는 진심의 유무가 아닐까. 글을 잘 쓰기 위해 배움에 힘쓰는 것도 중요하지만, 본질적으로 더 중요한 것은 그 일에 대한 마음의 농도라는 생각이 든다.

 며칠 전 다녀온 북토크에서 한 작가님이 말씀하셨다. 글쓰기가 어려운 이유는 기술적인 역량이 부족한 것보다 마음을 다잡는 일이 어렵기 때문이라고.

마음을 다스리는 것.

몸의 자세보다 마음의 자세가 더 중요하다는 말이었다. 지나온 시절을 되돌아보면 정말 그렇다. 물리적인 시간이 부족해서 하지 못한 일보다 마음의 여유가 없어서 포기해 버린 일이 훨씬 많았다.

몸을 풀기 전에 마음부터 풀고 시작하자. 느리더라도 해내겠다는 느슨한 마음을 가지자. 마음을 다스리자.

마음을 쓰는 일

내가 쓰고 직접 엮은 책이 누군가에게 닿아 읽힌다고 생각하면, 더 부지런히 쓰고 엮어야겠다는 책임감이 밀려온다.

글을 쓰는 일은 마음을 쓰는 일이다.

그래서일까. 모든 글에는 쓰는 이의 마음이 진득하게 배어 있다. 그 마음을 가만히 들여다보는 일이 좋다. 그러다 결이 비슷한 마음을 마주하기라도 하면, 속수무책으로 그 속에 녹아든다.

내 글이 모든 사람에게 닿을 순 없어도, 누군가에게는 더 깊게 닿을 수 있으리라 믿는다. 나의 이야기가 필요한 사람이 단 한 명이라도 있다면, 누군가의 무료한 일상에 작은 환기가 될 수 있다면, 그 사실 하나만으로도 계속해서 글을 지을 수 있을 것이다.

다시 만난 마음

태국 치앙마이 '반캉왓'이라는 예술가 마을에는 종이와 실을 엮어 만든 수제 노트를 판매하는 'Note a Book'이라는 북 바인딩 가게가 있다. 치앙마이에서 한 달을 살아보는 것은 오랫동안 품어온 작은 꿈이었기에 몇 년 전부터 알고 있던 장소이기도 하다.

치앙마이에 도착하자마자 가게로 달려가 여권 크기의 작은 노트를 구입해서 여행 내내 보고 느낀 것을 기록했고, 며칠 뒤 직접 노트를 만들어 볼 수 있는 북 바인딩 수업에 참여하기 위해 다시 가게를 찾았다. 수업을 듣는 동안 사장님 '노트'와 이야기를 나누며 우리는 조금씩 가까워졌다. 태국에서는 이름이 길기 때문에 부모가 태어난 아이에게 닉네

임을 지어주는 문화가 있는데 '노트(Note)'라는 이름 역시 그의 본명이 아니라 부모님이 붙여준 닉네임이라는 흥미로운 이야기도 들을 수 있었다.

치앙마이를 떠나기 하루 전, 한국에 가져갈 여분의 노트를 사면서 마지막 인사를 하러 다시 가게를 찾았다. 영업시간이라 짧게 인사만 하고 나오려 했는데 노트가 잠깐 안으로 들어오라며 조용히 자리를 내어 주었다.

우리는 한쪽에 놓인 작은 테이블에 앉아 두 시간 넘게 이야기를 나누었고, 그의 친구가 운영하는 예술가 마을에서 가장 유명하다는 카페로 자리를 옮겼다. 치앙마이에 머무는 동안 베풀어 준 호의에 보답하고 싶어 커피와 케이크는 내가 사겠다고 했지만 그는 극구 사양했다.
"그러면 다음에 다시 오면 그때는 내가 살게."
라고 말하며 기약 없는 약속을 남긴 채 한국으로 돌아왔고, 그 약속을 조금은 다른 방법으로 지킬 수 있었다.

커피와 케이크 대신 노트의 가게 사진이 담긴 『퇴사 후, 치앙마이』를 선물하면서. 치앙마이에 도착하자마자 노트의 가게에서 산 손바닥만 한 수첩에 적어 내려간 기록을 바탕으로, 한국에 돌아와 엮은 여행 산문집이다.

치앙마이에 다녀와서 책 한 권을 썼는데 표지가 너의 가게라고. 덕분에 마음에 드는 표지를 만들 수 있었다며 고마움을 전했다.

선물로 전하고 싶어 표지 사진을 보내주었더니 괜찮다면 가게에서 판매해 보고 싶다는 뜻밖의 답이 돌아왔다. 몇 년 전부터 꼭 한번 가 보고 싶었던 장소에 내 책이 놓이게 되다니. 다정한 마음을 건네준 그에게 답하듯 정성껏 적어 내려간 손편지를 책과 함께 동봉해 보냈다.

그리고 며칠 뒤, 잘 받았다는 메시지와 한 장의 사진이 도착했다. 가게 한편에서 책이 담긴 택배 박스를 들고 환하게 웃고 있는 노트.

글을 쓰고 책을 만드는 기쁨은 이처럼 예상치 못한 순간을 마주할 수 있다는 점이 아닐까. 책 덕분에 오래도록 품고 지낼 추억을 안겨준 이에게 마음을 전할 수 있었고, 찰나의 인연으로 스쳐 갈 수도 있었던 관계가 이렇게 이어졌으니 말이다.

내가 엮은 책이 마음을 전하고 싶은 이들에게도 작은 기쁨이 되기를. 그리고 그들이 행복해하는 모습을 앞으로도 선물처럼 마주할 수 있기를 소망한다.

울림의 흔적

잠들기 전까지 머리맡에 두고 아껴 읽던 책 한 권을 챙겨 미용실로 향했다. 거울 앞에 앉아 한참을 책 속에 머물다 잠시 테이블 위에 올려두었는데, 미용사분이 그걸 보셨는지 들뜬 목소리로 말을 건넸다.

"어? 고객님, 『사랑의 장면들』 읽고 계셨네요. 저도 이 책 인상 깊게 읽었어요. 친구가 독서 모임에서 읽고 있다고 해서 훑어봤다가, 궁금해서 도서관에서 빌려 읽었거든요. 사랑이라는 주제를 이렇게까지 섬세하고 깊이 있게 풀어낼 수 있다는 게 놀라웠어요. 다 읽고 나서 작가님 프로필까지 찾아봤을 정도로 좋았던 책이에요."

휴대폰 화면을 들여다보는 시간이 대부분인 시대에도, 울림을 주는 책은 어떻게든 사람들에게 닿는구나 싶었다.

나도 누군가에게 울림을 주는 글을 쓰고 싶다. 소망이나 바람에 그치지 않고, 정말로 쓸 수 있는 사람이 되고 싶다. 쓰는 사람으로서의 최종 목표이자 꿈이기도 하다. 꾸준히 쓰다 보면 언젠가는 닿을 수 있지 않을까. 연습과 노력을 압도하는 재능은 없다고 했으니까. 부족함을 인지하고 채워 나가려는 태도와 마음가짐을 잃지 말아야 한다.

부지런히 쓸 것. 게으름 피우지 말 것.

집으로 돌아와 책을 다 읽고 나서 보니, 책의 반 이상 귀퉁이가 접혀 있었다. 울림의 흔적들.

---

* 오수영, <사랑의 장면들>, 고어라운드, 2022

출판전야

 자기만의 삶을 써 내려가는 몽상가들을 응원하고 지지하기 위해 만들어진 1인 서재, 출판전야.

 어느 하나 의미 없이 놓여 있는 것이 없을 만큼, 공간 안의 모든 물건에는 각자의 이야기가 깃들어 있었다. 고독과 몰입을 위한 공간을 만들기 위해 그동안 얼마나 부지런히 취향과 감각을 쌓아 오셨을까. 한 사람의 철학이 온전히 담긴 공간을 경험하는 것은 언제나 설레는 일이다.

 출판전야의 지기, 준우 님이 차분히 서재를 설명해 주시는 모습에서 이곳에 대한 깊은 애정을 엿볼 수 있었다. 머무는 이들이 고독에 침잠해 내면의 목소리에 귀 기울일 수 있도록, 온전히 몰입할 수 있도록 세심하게 다듬고 또 다듬은 공간.

두껍고 단단한 책상 덕분에 무거운 생각은 그 위에 잠시 내려놓고, 고요 속에서 온전히 혼자가 되어 글을 써 내려갔다. 적막과 평온이 감도는 이곳에서는 무엇이든 써 내려갈 수 있을 것만 같은 기분.

잠시나마 오롯이 혼자가 되어 고요히 머문 하루. 오늘 같은 날들이 켜켜이 쌓여 삶에 활력이 되어주기를.

*

한 달 만에 다시 찾은 출판전야. 문을 열고 서재에 들어서자마자, 책상 위에 놓인 책 한 권과 새하얀 편지지가 눈에 들어왔다. 준우 님의 응원의 마음이 가지런히 놓여 있었다. 누군가를 생각하며 선물을 고르고, 편지에 마음을 담는 일. 그 마음을 오래 기억하고 싶어 몇 번이고 편지를 읽어 내려갔다. 기억 한구석에 고이 남아, 언젠가 응원이 필요한 순간에 흔적으로 떠오르길 바라며.

　몰입을 위한 장소에 왔으니 가장 몰입이 필요한 일을 하기로 했다. 서재 한편에 놓인 CD 플레이어로 영화 〈괴물〉의 OST를 들으며 글을 쓰다 보니 어느새 세 시간이 훌쩍 지나 있었다. 한 앨범이 끝날 때마다 기지개를 켜고, 서재 한편에 마련된 작은 창을 열어 바람을 들이며 공기를 환기했다.

　오후 다섯 시도 채 되지 않은 시간. 벌써 저녁 어스름이 드리우는 걸 보니 겨울이 성큼 다가온 듯하다. 널찍한 책상 위, 작은 조명 하나만 켜둔 채 서가에서 로로 작가님의 『초록의 자세』를 꺼내 읽었다. 문장과 함께 천천히 산책하는 기분으로. 서서히 스며드는 고요하고 차분한 감각.

　오늘의 고독과 몰입이 내일을, 그리고 앞으로의 날들을 의연하게 살아갈 힘이 되어줄 것이라 믿으며 조용히 서재를 나섰다.

글 나누는 밤

매주 수요일 저녁. 망원동의 작은 책방에 책과 글쓰기를 사랑하는 일곱 명이 모였다. 누구에게도 쉽게 꺼내지 못할 내밀한 이야기가 녹아든 글을 나누며 우리는 빠르게 가까워졌다. 각자의 글을 낭독하고, 눈과 귀로 읽으며, 서로의 글을 넉넉한 시선으로 바라봐 주었다.

회사를 나오며 스스로 되뇌었다. 이제는 하고 싶은 일을 찾아서 그 일을 하며 살자고. 그렇게 찾은 일이 글을 쓰고 책을 만드는 일이었다. 하고 싶은 일은 찾았지만, 혼자서 꾸준히 써나가는 일은 결코 쉽지 않았다. 의지만으로는 쉽지 않았다.

하루의 대부분을 혼자 글을 쓰며 지내다 보니

외로움이 자연스레 뒤따라왔다. 단조롭고 평화로운 일상이 좋으면서도 과연 이 생활을 언제까지 지속할 수 있을지 확신이 서지 않았다.

그런 고민을 하던 시기에 찾아온 글 모임과 사람들. 처음으로 함께 글을 쓰고 나눌 수 있는 동료가 생겼고, 이들은 어느새 삶에서 빼놓을 수 없는 귀한 인연이 되어 있었다. 일주일에 한 번, 두 시간 남짓한 시간이었지만 그 시간이 있었기에 지금까지 꾸준히 쓸 수 있었고, 그렇게 쓴 글들을 모아 책으로 엮을 수 있었다.

뒤늦게 합류한 내게 먼저 살갑게 다가와 다정하게 챙겨준 사람. 항상 상대의 눈을 마주하고, 마음으로 이야기를 들어준 사람. 우리의 글이 더 나아갈 수 있도록 날카로운 피드백이라는 사랑의 매를 건넨 사람. 마음에 들지 않는 글을 제출한 날에도 현지 님 글은 언제나 좋다며 따뜻한 응원을 선물해 준 사람. 호기심 가득한 질문들로 모임에 활력을 불어넣어 준 사람. 한 사람의 존재가 모임 전체를 환하게 밝힐 수 있다는 것을 알려준 사람.

 올겨울은 푸른 서늘함보다 난로 앞에 옹기종기 모여 귤을 까먹는 붉은 마음으로 기억될 것 같다. 혼자 앉아 있던 내 곁에 조용히 다가와 말없이 옆에 앉아 준 이들이 있었기에.

그냥 안아주는 것

성수동에서 열린 '서울 퍼블리셔스 테이블' 북페어 첫날. SNS로 가끔 안부를 주고받던 작가님께서 부스에 찾아오셨다.

말없이 한참 책을 살펴보시더니, 한 권을 사면서 본인을 소개하셨다. 그날 얼굴을 처음 마주했지만, 오랜 시간 알고 지낸 듯한 반가움이 스쳤다. 두 분의 작가님과 팀으로 참가해서 번갈아 가며 다른 부스를 둘러보고 있다고 하셨다. 나도 행사 마감 전에 들르겠다고 말씀드렸지만, 팀이 아닌 혼자 참여한 터라 자리를 비우기가 쉽지 않았다. 대신 다음 날 행사 시작 전에 미리 도착해 인사드리기로 마음먹었다.

다음 날, 한 시간 일찍 도착해 부스를 정리하며 작가님을 기다렸다. 언제쯤 오시려나 두리번거리던 중, 멀리서 다른 작가님과 이야기를 나누는 모습을 보고 반가운 마음에 그쪽으로 걸음을 옮겼다. 눈이 마주치자마자 작가님은 환하게 웃으며 말 대신 포옹으로 인사를 건네셨다.

그날의 순간을 떠올리면 몇 달이 지난 지금도 눈시울이 붉어진다. 그 어떤 위로의 말보다 몇 초간의 짧은 포옹이 더 깊은 위안을 주었던 걸까.

우리가 함께한 시간이라곤 전날 십 분 남짓 대화를 나눈 게 전부인데. 알고 지낸 시간과 마음이 반드시 비례하는 건 아니라는 것을, 인사 대신 다정하게 품에 안아주는 마음이 보여주는 듯했다. 그런 마음을 지닌 사람은 얼마나 따뜻한 온기를 품고 있는 것일까.

누군가를 안아주는 일은 누군가의 세상을 지키는 일이라는, 어느 작가님의 말씀이 떠올랐다. 하루

대부분을 혼자 보내며 글을 쓰고, 요가와 산책을 하고, 책 속 문장에 위로받는 일상을 지속해 오면서 고독한 삶의 방식이라고 생각했다. 홀로 외딴섬에 살고 있는 기분이 들기도 했다.

하지만 돌아보면, 혼자라 여겼던 순간에도 곁에는 언제나 사람들로부터 받은 마음이 머무르고 있었다. 온기를 품은 포옹과 같은 마음들이. 그 마음들이 나를 지켜주고 있었던 것이 아닐까. 무너져도 툭툭 털고 일어나 다시 나아갈 수 있도록. 용기를 낼 수 있도록.

나서며

　오래 다니던 직장을 그만두고, 내 안에서 솟아나는 것으로 일상을 채우겠다고 다짐한 덕분에 가장 나다울 수 있고 즐겁게 해주는 일들로 퇴사 이후의 삶을 채울 수 있었다.

　글을 쓰고 책을 만드는 일이 좋았다. 처음으로 무언가를 시도하는 과정이 즐거웠고, 마음이 가는 일을 하며 살아 있음을 감각했다. 일을 하며 몰입의 순간을 경험했다. 어쩌면 나는 하고 싶은 일에 온 마음을 다해보는 것이 그동안 그 무엇보다 절실했던 것인지도 모르겠다.

　사무실 모니터 앞에 앉아, 일의 유무와는 상관없이 아침 아홉 시부터 오후 여섯 시까지 자리를 지켜야만 했다. 시스템에 문제가 생기지 않으면 겉으로 드러나지 않는 일을 했다. 그런 일을 하면서, 대체 어디서 성취감을 느껴야 할지 답을 찾지 못해 무력했다. 이대로 흘러가는 대로 살다 그대로 생을 마감할 것만 같아 두려움이 밀려왔다.

그런 내게 내가 쓴 글들을 모아 직접 엮은 물성이 있는 책 한 권은 일의 기쁨과 성취가 무엇인지를 처음으로 깨닫게 해주었다. 살면서 처음 마주한 감정적 고양감이었다.

그리고 그 책이 세상을 돌아다니며 새로운 사람들을 만나게 해주었다. 독립 출판 세계에 발을 들이지 않았다면 만날 수 없었을, 끊임없이 기록하고 창작하는 사람들을. 글을 짓고 책 만드는 일에 대한 이야기를 나눌 수 있는 이들과 함께 있으면 늘 마음이 충만했다.

글쓰기와 책 덕분에 나를 되돌아보고, 마음을 나눌 수 있는 사람들 속에서 보낸 시간들. 모든 것은 우연히 찍은 점들이 선으로 이어져 나타난 결과물인 것 같다는 생각이 스쳤다. 기댈 곳이 필요할 때면 책으로 들어가 글에 의지하며 살았고, 부유하다 서로 엉켜버린 생각과 감정을 글로 풀어내는 작업을 나도 모르는 사이에 하고 있었다. 그렇게 글이 점차 쌓였고, 그 글들을 엮어 책으로 만들기까지.

내가 찍어온 점들이 어떤 의미로 돌아올지 지금은 알 수 없지만, 언젠가 그 점들이 하나의 흐름이 되어 내가 원하는 선으로 이어질 날이 오지 않을까.

부족하더라도 온 마음을 다하고 싶다. 어느 길목 위에 서 있든, 지금까지 해오던 것처럼 마음이 닿는 곳으로 나아가다 보면 결국 어딘가에 이르고 다다르지 않을까. 그 믿음 하나 품에 안고, 내게 주어진 삶을 묵묵히 걸어가 보려 한다.

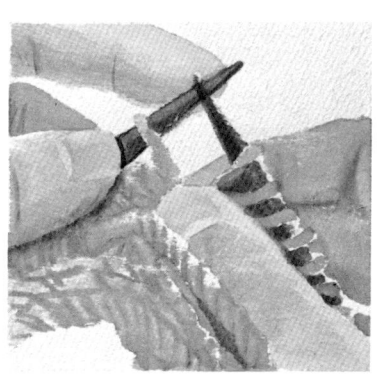

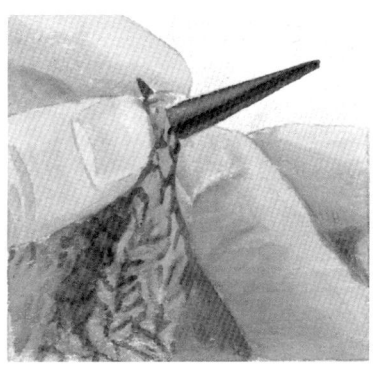

마음을 안는 마음

ⓒ 정현지 2025

초판 1쇄 발행   2025년 4월 7일
초판 2쇄 발행   2025년 7월 7일

글   정현지
편집   정현지
디자인   정현지

발행처   선과 여백
출판등록   2025년 2월 18일 제 2025-000019호
전자우편   breathinspace@naver.com
인스타그램   @breath_in_space

ISBN   979-11-991666-0-8 (02800)

책의 일부 또는 전부를 사용하려면 반드시 저작권자의 동의를 받아야 합니다.